朝日新書
Asahi Shinsho 804

新版

財務3表一体理解法 発展編

國貞克則

朝日新聞出版

はじめに

本書は、『新版 財務3表一体理解法』（朝日新書）の下巻に位置づけられる書籍です。

２０１６年に出版された『増補改訂 財務3表一体理解法』（同）が今回の改訂で2分冊となり、上巻が『新版 財務3表一体理解法』で下巻が本書になりました。

実は、２０１６年に出版された『増補改訂 財務3表一体理解法』は、２００７年に出版された『決算書がスラスラわかる 財務3表一体理解法』（同）の改訂版でした（これまでの改訂の流れについては、これに続く〈「財務3表」シリーズの変遷〉をご参照ください）。

２０１６年の改訂では、貸借対照表（ＢＳ）の「純資産の部」の詳細、２００７年に税法上大改正された減価償却の制度、組織再編の会計、国際会計基準（ＩＦＲＳ）などについて大幅に解説を加えました。

著者としては、2007年の初版本に書き残していたことをすべて書き尽くしたという気持ちだったのですが、そのことで『増補改訂 財務3表一体理解法』は300ページを超える分厚い本になっただけでなく、書籍の前半部分と後半部分のレベルに差が出てしまいました。

今回の改訂では、『増補改訂 財務3表一体理解法』をレベルに合わせて2冊に分け、基礎編を『新版 財務3表一体理解法』とし、発展編を『新版 財務3表一体理解法 発展編』としました。

2007年に「財務3表一体理解法」という新しい会計勉強法が世に出て、会計の勉強法は一変しました。簿記や仕訳《しわけ》を勉強しなくても、複式簿記会計の全体像と基本的な仕組みが理解できるようになったからです。そのことは改訂後の『新版 財務3表一体理解法』でも実感していただけると思います。

ただ、『新版 財務3表一体理解法』は基礎編です。『新版 財務3表一体理解法』で複式簿記会計の全体像と基本的な仕組みが理解できても、実際の財務諸表を見ると「退職給付引当金」「減損損失」「法人税等調整額」といった聞き慣れない言葉が出てきて、会計にはまだまだわからないところが残っていると感じられる方も多いでしょう。

本書では、2000年以降に登場した新会計基準と言われる、「退職給付会計」、「時価会計」、「減損会計」、「自己株式の取得」、「税効果会計」について説明しています。これらの新会計基準も、「財務3表一体理解法」を使えばその仕組みが簡単に理解できます。

会計の仕組みの完全理解という観点から、BSの「純資産の部」の詳細についてもわかりやすく解説しています。BSの「純資産の部」を解説した分厚い専門書はたくさんありますが、そのほとんどは「どういった取引によって資本準備金の数字が増減するか」といった、会計の実務に関連する内容を解説したものです。

私たち会計の専門家ではない人間が知りたいのは、そもそも資本金というものがあるのになぜ資本準備金が必要なのかとか、そもそも株主から注入してもらった資本金をなぜ株主に配当してはいけないのかといった、「純資産の部」の本質論なのです。

そういったBSの「純資産の部」の本質論を、会計の専門家ではない人向けにわかりやすく解説している本を私は見たことがありません。本書を読めば、会計の専門家でさえ完全には理解できていないBSの「純資産の部」の本質がご理解いただけると思います。会計の仕組みの完全理解を目標にしておられる方は、本書の第3章は必ず読んでおいていただきたいと思います。

さらに、「のれん」・株式交換・債権放棄・減資といった組織再編にかかわる会計についても解説しています。この分野の会計の仕組みは、専門書では仕訳を使って説明されていますので、仕訳の知識のない人にはわかりづらいと思います。本書では概略図を使って説明しました。また、事業再生の会計については、実在する企業の例を使って解説しています。

国際会計基準に関しては、前回改訂の2016年以降も日本の会計基準への導入がさらに進んできていますので、今回の改訂において「収益認識基準」や「リースの取り扱い」についてさらに加筆しました。また、国際会計基準は連結を基本にしているので、連結会計についても説明しておきました。

本書の最後の附章では英文会計についても触れています。英文会計は当然ながら英語で書かれていますが、会計の仕組み自体は全世界共通です。本書で会計の知識が身につけば、世界中の企業の財務諸表が読めるようになるでしょう。

本書は、複式簿記会計の基本的な知識がある人であれば、『新版 財務3表一体理解法』を読んでいなくても、読み進めることができると思います。ただ、会計の知識に不安がある人は、『新版 財務3表一体理解法』を読んでから本書に取り組んでください。

本書は『新版 財務3表一体理解法』に比べればかなり読み応えのある本になっていますが、本書を書いた著者の私自身が会計の専門家ではありません。会計の専門知識がなくても、じっくり読み進めさえすれば理解できないところはないと思います。『新版 財務3表一体理解法』に加えて本書を読み終えれば、会計に関して恐れるものは何もなくなると思います。本書にトライして、会計に関して大きな自信を得てください。

國貞克則

〈「財務3表」シリーズの変遷〉

私が書いた「財務3表」シリーズには、図のように「理解編」と「分析編」があります。

「理解編」は２００７年に『決算書がスラスラわかる 財務３表一体理解法』として初めて世に出ました。２０１６年に大改訂を行い『増補改訂 財務３表一体理解法』とし、今回の改訂でそれを２分冊にし、基礎編を『新版 財務３表一体理解法』、発展編を『新版 財務3表一体理解法 発展編』としました。

「分析編」は２００９年に『財務３表一体分析法「経営」がわかる決算書の読み方』が出版され、それが２０１６年に改訂され『財務３表図解分析法』になり、今回の改訂で『新版 財務3表図解分析法』になりました。

「理解編」と「分析編」の今回の同時改訂にあたって、『新版 財務3表図解分析法』は『新版 財務３表一体理解法』を読みさえすれば読み進められる内容にとどめました。『新版 財務3表一体理解法』と『新版 財務3表図解分析法』の２冊を基礎編という位置づけにしたことにより、この2冊の内容は改訂前と比べて格段にわかりやすくなっています。

また、『新版 財務3表一体理解法』、『新版 財務3表図解分析法』、『新版 財務3表一

「財務3表」シリーズの変遷

出版年	理解編	分析編
2007	『決算書がスラスラわかる財務3表一体理解法』	
2009	↓	『財務3表一体分析法「経営」がわかる決算書の読み方』
	↓ 改訂	↓ 改訂
2016	『増補改訂 財務3表一体理解法』	『財務3表図解分析法』
	↓ 改訂し2分冊に	↓ 改訂
2021	『新版 財務3表一体理解法』 この太枠の2冊が基礎編 ↑ 『新版 財務3表一体理解法 発展編』 ←	『新版 財務3表図解分析法』 一部の内容を発展編に移した

体理解法 発展編』の3冊は、改訂にあたり文字を大きくしたので、その面でもさらに読みやすくなっていると思います。

私の「財務3表」シリーズは、大学生から大企業の役員クラスまで幅広い層の方々が読んでくださり、すでに80万部を超える出版部数になっています。「財務3表」シリーズが今後さらに多くの人々に広まり、会計の理解に苦しむ多くのみなさんのお役に立つことを願っています。

新版　財務3表一体理解法　発展編

目次

附章 英文会計の基礎知識 213

『新版 財務3表一体理解法』目次

（2）一つひとつの取引が財務3表にどう反映されるかを理解する

1　資本金300万円で会社を設立する
2　事務用品を現金5万円で購入
3　パソコンを現金50万円で購入
4　ホームページ作成を発注、外注費20万円を現金で支払う
5　創立費30万円を「資産」に計上する
6　販売する商品を現金150万円で仕入れる
7　商品が現金300万円で売れる
7－2　商品をまず在庫として計上する方法
8　ビジネス拡大へ運転資金500万円を借りる
9　商品750万円分を「買掛」で仕入れる
10　「売掛」で1500万円を販売
11　買掛金750万円を支払う（「勘定合って銭足らず」に）
12　売掛金1500万円のうち1000万円を回収する
13　給料50万円を支払う（うち源泉所得税2万円は会社が一時預かる）
14　商品の発送費用100万円を一括支払い
15　短期借入金500万円を返済し、利息50万円を支払う

チャート作成　谷口 正孝
フロッグキングスタジオ
（第2章のドリル部分）

第1章　序

（『新版 財務3表一体理解法』の下巻という位置づけについて）

「はじめに」でも書いたように、『増補改訂　財務3表一体理解法』が今回の改訂により2分冊になりました。その上巻にあたるのが『新版　財務3表一体理解法』であり、下巻にあたるのが本書になります。

この第1章では、『新版　財務3表一体理解法』を読まずに本書を読み始められた方のために、『新版　財務3表一体理解法』のエッセンスを簡単に説明します。複式簿記会計に関して一定レベルの知識がある方であれば、この第1章さえ読めば、『新版　財務3表一体理解法』を読んでいなくても本書を読み進めることができます。

『新版　財務3表一体理解法』をすでにお読みの方は、この第1章は飛ばして第2章から読み進めていただいても構いません。ただ、この第1章を読めば、『新版　財務3表一体理解法』を読んで会計の仕組みがわかった今だからこそ、なぜ「財務3表一体理解法」を使えば会計の全体像とその基本的な仕組みが簡単にわかるのかという本当の意味がご理解いただけると思います。

（1）『新版 財務3表一体理解法』のエッセンス

著者の私が言うのはおこがましいのですが、「財務3表一体理解法」という勉強法が世に出て、これまでの会計勉強法が一変しました。これまでは、簿記を一から勉強し、仕訳のルールを全部覚え、さらに一定の実務経験を積まなければ、会計を完全に理解することはできないと言われてきました。しかし、「財務3表一体理解法」を使えば、簿記や仕訳の勉強をしなくても、会計の全体像とその基本的な仕組みが簡単に理解できるのです。

その理由は大きく2つあります。1つ目は、「財務3表一体理解法」において、財務会計の全体像を示したことです。そして2つ目は、まさに「財務3表一体理解法」という名前が示すように、損益計算書（PL）・貸借対照表（BS）・キャッシュフロー計算書（CS）という財務3表を一体にして勉強するという方法によるものです。

1つ目の、財務会計の全体像を示したということからご説明します。世の中にはさま

図表 1-1　すべての会社に共通する3つの活動

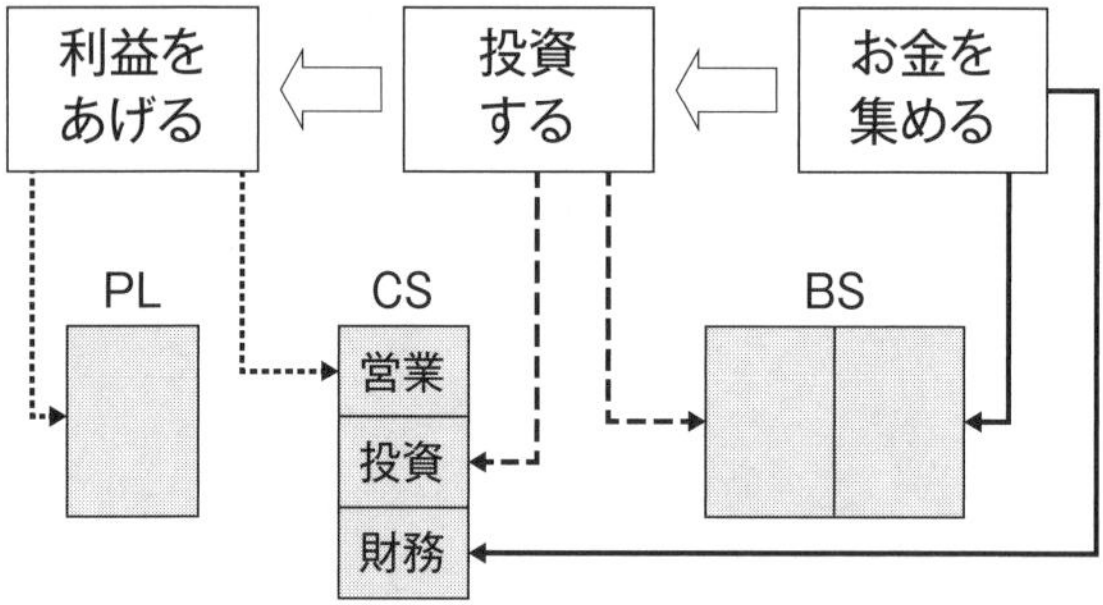

ざまな業種・業態の会社がありますが、実はすべての企業は３つの基本活動を行っているだけなのです。図表１－１をご覧ください。すべての企業が行っている基本活動は同じです。それはお金を集める→それを何かに投資する→そして利益をあげるという３つの活動です。

多くのビジネスパーソンは左端の利益をあげるというところに責任を持って仕事をしていますから、事業全体を意識することはあまりないかもしれません。ただ、会社を興したことがある創業社長ならだれでもこの３つの活動のことを知っています。

会社を興そうと思えば、必ず最初にお金が要ります。それを資本金か借入金といった形で集めてきます。なぜ、お金が必要かと言えば、それは投資のためです。製造業なら工場建設、飲食業なら店舗取得のためにお金が必要になります。そして、その投資した工場や店舗を使って利益をあげるのです。

商社や小売業は、集めてきたお金を商材に投資します。そして、その商材を販売して利益をあげます。私のような執筆業は会社を興すときほとんどお金が要りません。しかし、私も事務所を持っていますし、事務所にはコンピューターやFAXを置いています。そのような投資したものを使って利益をあげているのです。

つまり、お金を集める→投資する→利益をあげるという3つの活動は、すべての企業に共通する基本活動なのです。

このすべての企業に共通する3つの活動が、PL・BS・CSという3つの表であらわされています。BSは真ん中には線が引いてあって左右に分かれています。なぜ左右に分かれているかというと、BSの右側にその企業がそれまでに「どうやってお金を集めてきたか」ということが表されていて、BSの左側にその集めてきたお金を「何に投資したか」ということが表されています。そして、PLに「どうやって利益をあげたか」ということが表されているのです。

ＣＳはキャッシュフロー計算書、つまり現金の出入りを表す収支計算書です。お小遣い帳も家計簿も収支計算書ですが、これまで私たちが見てきた収支計算書はすべて、収入・支出・残高という3つの欄に分かれていました。しかし、会社が作る収支計算書であるキャッシュフロー計算書は少し違った分かれ方をしています。同じ3つに分かれているのですが、営業キャッシュフロー・投資キャッシュフロー・財務キャッシュフローという3つの欄に分かれています。

どうしてこのように分かれているのか。読者のみなさんはもうおわかりですね。すべての企業に共通する3つの活動の、お金を集めるが財務キャッシュフロー、投資するが投資キャッシュフロー、利益をあげるが営業キャッシュフローの欄で表されているのです。

つまり、すべての企業に共通する3つの活動を、現金の流れという観点から整理したのがＣＳなのです。

私は図表1－1が財務会計の全体像だと思っています。この図がわかっただけで、会計に対するアレルギーが少し薄らぐのではないかと思います。

次に、会計の全体像とその基本的な仕組みが簡単に理解できる2つ目の理由である、PL・BS・CSという財務3表を一体にして勉強するという方法についてご説明します。

会計の知識が少ない人が陥りやすい勘違いは、PLを収支計算書のように思ってしまうことです。PLには売上や費用といった、会社に入ってくるものと出ていくものが記載されているので、それを収入と支出のように現金の出入りと思ってしまうのです。

しかし、PLは現金の出入りを表す収支計算書ではありません。PLは「正しい利益を計算する」ための表です。PLには売掛による売上とか買掛による仕入とか、現金の動きの伴わない売上や費用が計上されます。現実のビジネスでは、商品やサービスの受け渡しの後しばらく経ってから現金の受け渡しが行われるという売掛や買掛の取引が一般的です。さらに、PLには現金の動きの伴わない減価償却費が計上されます。これら現金の動きを伴わない取引がPLに計上されるのは、まさにその期の「正しい利益を計算する」ためなのです。

さらに言えば、会社が借金をしてもPLには何ら影響がありません。借金をして売上があがるはずがありません。売上とは商品やサービスを販売することにより生まれるものです。ましてや、借金をして費用が出ていくはずもありません。

ＰＬは正しい利益を計算するための表であり、ＢＳは25ページで説明したように、その会社がそれまでにどうやってお金を集めてきて、その集めてきたお金を何に投資したかをあらわしている表です。そして、ＣＳこそが現金の出入りを表す収支計算書なのです。

このＰＬとＢＳとＣＳという3つの表を一体にして勉強すれば、ＰＬ・ＢＳ・ＣＳのそれぞれの表の意味するところが手に取るようにわかってくるのです。

複式簿記の仕組みがわかっている人に、このＰＬ・ＢＳ・ＣＳという3つの表を一体にして勉強することの意味をもう少し突っ込んで説明しておきたいと思います。

複式簿記の複式とは「2つ」という意味です。つまり、一つひとつの取引を必ず2つの視点から眺めて、図表1－2の左端の図の中にある「資産」「負債」「純資産」「収益」「費用」の5つに分類して記帳していくのが複式簿記です。その集大成された表を試算表と言います。

図表1-2　**試算表及びPLとBSの関係**

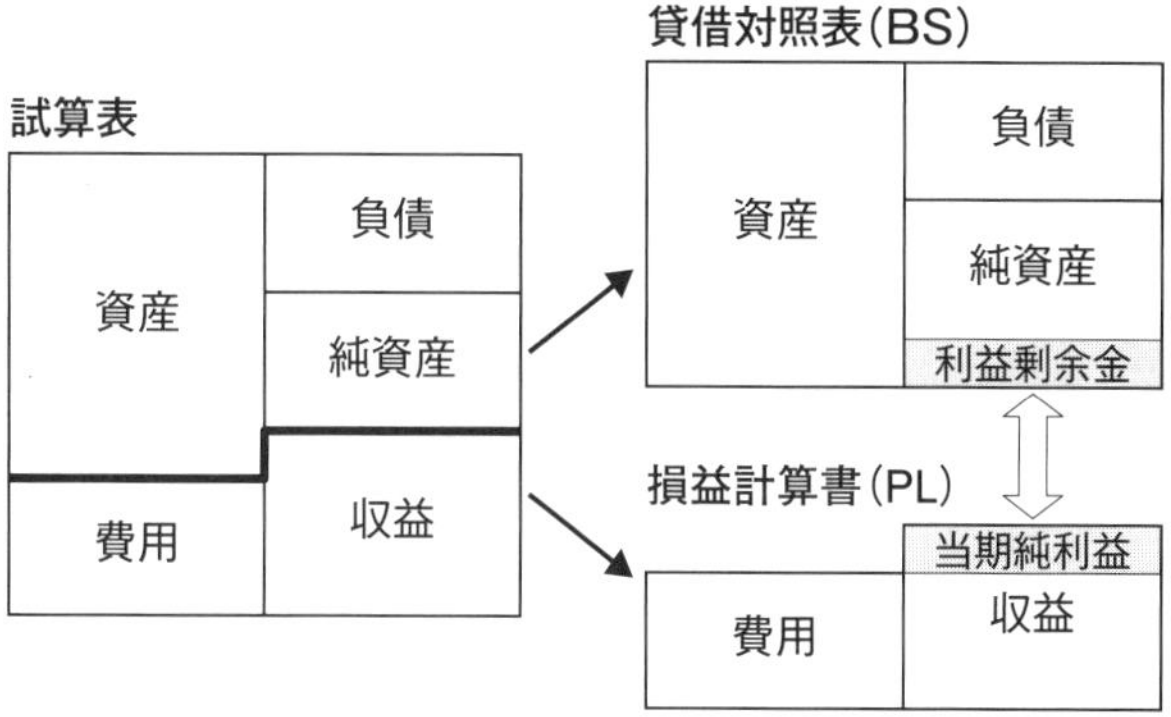

この試算表を真ん中の太い線のところから上下に分けると、図表1－2のように、上がBS、下がPLになります。つまり、PLとBSという2つの表を作りたいがために、複式簿記という方法で試算表を作っているのです。

ですから、BSの利益剰余金とPLの当期純利益がつながっているのは当たり前なのです。試算表の重なり部分がBSに表れるときは利益剰余金、PLに表れるときは当期純利益なのです。

私たちが簿記という言葉を使うときは、通常複式簿記を指しますが、複式簿記とは異なる簿記の方法に単式簿記というものがあります。単式簿記の単式とは「1つ」という意味です。つまり、一つひとつの取引を現金の動きという現金1点で帳簿に記帳していくのが単式簿記です。

私たちは子供のころから単式簿記といった言葉は使ってきませんでしたが、お小遣い帳も家計簿も単式簿記、つまり現金の出入りを帳簿に記帳したものです。単式簿記の記帳でできあがってくるのは、当然ながら現金の出入りを表す収支計算書です。

企業が作るCSは営業・投資・財務という3つの欄に分かれてはいますが、CSは現金の出入りを表す収支計算書に他なりません。つまり、「財務3表一体理解法」という勉強法は、複式簿記で作ったPLとBSを、単式簿記で作った収支計算書であるCSと一緒に勉強する勉強法なのです。

もっと言えば、「財務3表一体理解法」という勉強法は、試算表を作るための仕訳作業を行わず、PLとBS上で直接仕訳を行いながら、それを現金の動きと共に勉強するという勉強法なのです。

そうすることによって、PLを収支計算書のように思ってしまうという勘違いがなくなり、複式簿記の仕訳の意味を自然と理解でき、PL・BS・CSのそれぞれの表の意味するところも手に取るようにわかってくるのです。

(2) ドリル形式で学んでいく「財務3表一体理解法」という会計勉強法

私が元々エンジニアであるせいか、「財務3表一体理解法」という勉強法は数学の勉強法によく似ています。まずは基本的な公理や定理を押さえて、後はたくさんのドリルで理解を深めていくといった勉強法です。

「財務3表一体理解法」では、まず複式簿記と単式簿記の基本的な考え方を押さえたうえで、「各取引が行われた瞬間に、仮に財務3表を作ったらどうなっているか」というドリル形式で学習を進めていきます。

実は財務3表はつながっています。ただ、財務3表のつながりを説明する前に、CSには直接法で作るCSと間接法で作るCSがあることを説明しておかなければなりません。

直接法のCSは、読んで字のごとく、直接現金の動きを積み上げて作るものです。すべての伝票を現金の動きで整理する単式簿記で記帳すれば、収支計算書であるCSができあがります。これが直接法で作るCSです。

しかし、企業の伝票は単式簿記ではなく複式簿記で整理され、試算表が作られ、それがPLとBSになっています。すべての伝票が複式簿記で整理されてPLとBSになっているのに、同じすべての伝票を単式簿記で整理しなおしてCSを作るのは大変な作業です。すべての伝票は複式簿記で整理されてPLとBSになっているのですから、PLとBSの中の数字を使って現金の動きを計算するという方法で作るのが間接法のCSです。

先ほど説明したように、PLは正しい利益を計算するための表であり、PLには売掛による売上とか買掛による仕入とかといった、現金の動きの伴わない売上や費用が計上されます。間接法CSは、PLの税引前当期純利益を起点にして、[*1] 現金の動きがないのに利益を上げ下げした要因になったものを足し引き計算して、実際の現金の動きを計算するという方法で作っていきます。

「財務3表一体理解法」という名前になっていますが、実際にはPLとBS、そして直接法CSと間接法CSの4つの表を一体にして勉強していく勉強法なのです。

このＰＬとＢＳ、そして直接法ＣＳと間接法ＣＳの４つの表を一体にした、次のページの図表１－３こそが「財務３表一体理解法」の威力なのです。

図表１－３の上２つのＰＬとＢＳは、複式簿記で作られた表です。右下の間接法ＣＳは複式簿記で作られたＰＬとＢＳの数字をベースにして作られた現金の動きを表す収支計算書です。ＰＬの税引前当期純利益を起点にして現金の動きを求めようとすれば、現金の動きがないのにＰＬの利益を変化させた要因になったものを、間接法ＣＳで足し引き計算しなければなりません。

そして、そのような方法で作った間接法ＣＳの左側に直接法ＣＳを並べています。そうすることによって、正しい利益を計算するためにＰＬに記載されている売掛による売上、買掛による費用、減価償却費といったものの意味が、直接法ＣＳの現金の動きと共

＊１　日本の会計基準では、なぜ「当期純利益」ではなく「税引前当期純利益」を起点にするのかについては、附章の英文会計のキャッシュフロー計算書のところ（２２７～２３４ページ）で説明しています。

図表 1-3　財務3表の基本的なつながり方

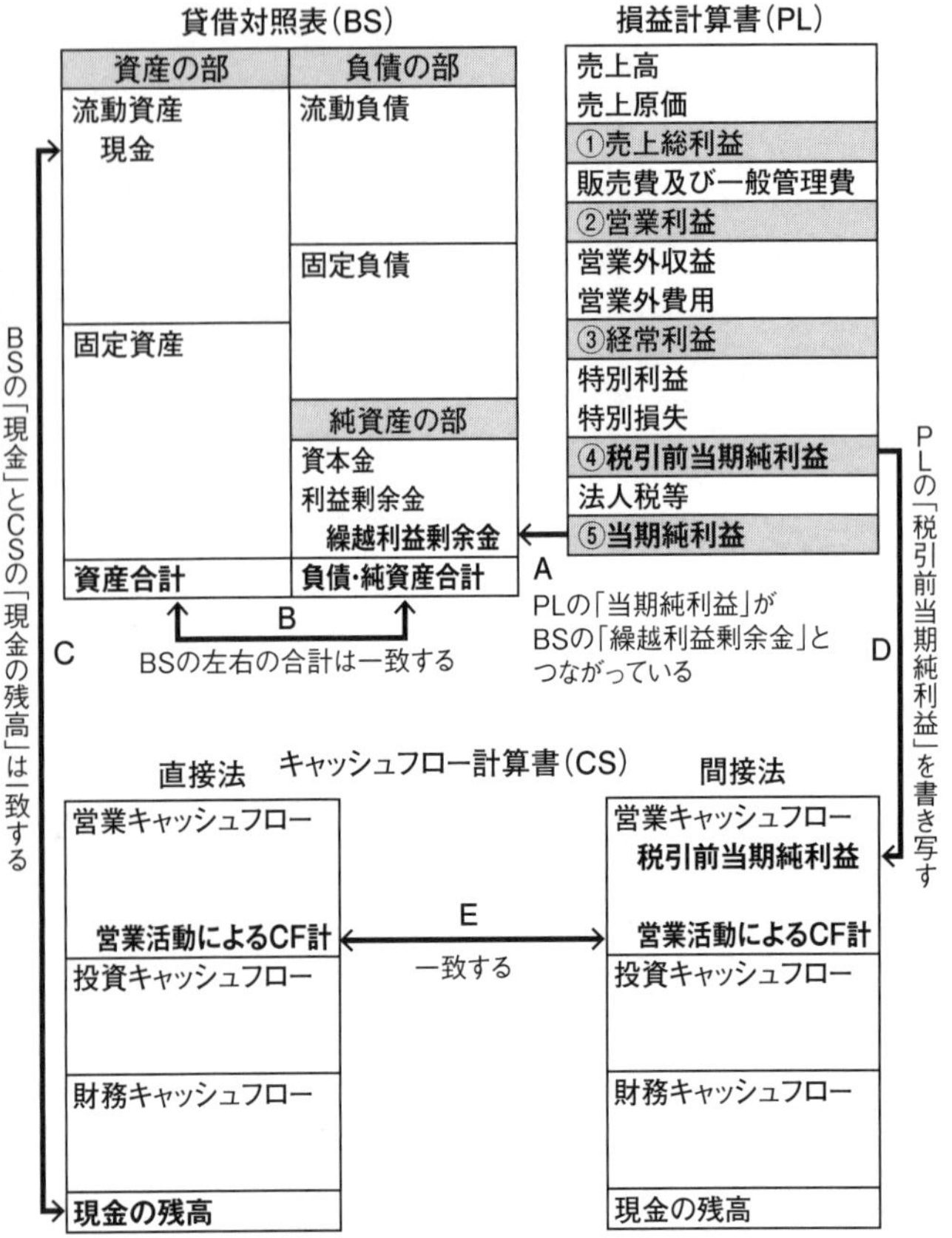
貸借対照表(BS)
資産の部
流動資産
現金
固定資産
資産合計
負債の部
流動負債
固定負債
純資産の部
資本金
利益剰余金
繰越利益剰余金
負債・純資産合計
損益計算書(PL)
売上高
売上原価
①売上総利益
販売費及び一般管理費
②営業利益
営業外収益
営業外費用
③経常利益
特別利益
特別損失
④税引前当期純利益
法人税等
⑤当期純利益
A
PLの「当期純利益」がBSの「繰越利益剰余金」とつながっている
B
BSの左右の合計は一致する
C
BSの「現金」とCSの「現金の残高」は一致する
D
PLの「税引前当期純利益」を書き写す
キャッシュフロー計算書(CS)
直接法
営業キャッシュフロー
営業活動によるCF計
投資キャッシュフロー
財務キャッシュフロー
現金の残高
間接法
営業キャッシュフロー
税引前当期純利益
営業活動によるCF計
投資キャッシュフロー
財務キャッシュフロー
現金の残高
E
一致する

に一体として理解できるのです。

図表1－3は、上2つの表がPLとBSで、下の2つの表がCSですが、見方を変えれば、上2つのPL・BSと右下の間接法CSという3つの表が複式簿記にかかわる表で、左下の直接法CSが単式簿記にかかわる表という見方もできます。

財務3表一体理解法という勉強法は、私たちが子供のころから慣れ親しんでいる収支計算書であるところの直接法CSの数字の動きを見ながら、複式簿記にかかわるPLとBSと間接法CSの数字の動きを見ていくので、簡単に複式簿記会計の全体像とその基本的な仕組みが理解できるのです。

そして、これら4つの表には、図表1－3の矢印線が示すように、A～Eの5つの「つながり」があります。

A―PLの「当期純利益」とBSの「利益剰余金」はつながっていると言いましたが、正しく言えば、**PLの「当期純利益」はBSの「利益剰余金」の中の内項目である「繰越利益剰余金」とつながっています。**

Ｂ―**ＢＳの右側の合計と左側の合計は一致します。**

Ｃ―直接法ＣＳの一番下の「現金の残高」は、ある時点に会社にある現金の額を示しています。この**ＣＳの一番下の「現金の残高」とＢＳの一番上の「現金」は一致します。**[*2] なぜなら、ＢＳの左側は、その時点に会社が持っている資産を表していて、その時点に会社が現金の形で持っている資産がＢＳの左側の「現金」だからです。

Ｄ―間接法ＣＳは、ＰＬの「税引前当期純利益」を起点にして、現金の動きがないのにＰＬの利益を変化させたものを足し引き計算して実際の現金の動きを求めるものです。なので、**間接法ＣＳの一番上には、ＰＬの「税引前当期純利益」が書き写されます。**

Ｅ―そうして計算した**間接法ＣＳの営業活動によるＣＦ計と直接法ＣＳの営業活動によ**

るCF計は一致します。計算方法が違うだけで、同じ営業活動による現金の動きを表しているのですから、この2つの数字は一致していなければおかしいのです。

次の第2章の「財務3表一体理解法～新会計基準編」では、右記のAからEまでの5つの「つながり」を押さえながら、一つひとつの取引に伴う数字の動きをドリル形式で順々に追っていきます。

40・41ページの図が、『新版 財務3表一体理解法』の第2章（2）の1番から17番までの、左記のお題の数字を入れ終えたものになります。単位はすべて「万円」です。

1 資本金300万円で会社を設立する
2 事務用品を現金5万円で購入

*2 正しく言えば、CSの一番下の「現金の残高」とBSの一番上の「現金」は完全には一致しない場合があります。その理由は44ページで説明しています。

3　パソコンを現金50万円で購入
4　ホームページ作成を発注、外注費20万円を現金で支払う
5　創立費30万円を「資産」に計上する
6　販売する商品を現金150万円で仕入れる
7　商品が現金300万円で売れる
7－2　商品をまず在庫として計上する方法
8　ビジネス拡大へ運転資金500万円を借りる
9　商品750万円分を「買掛」で仕入れる
10　「売掛」で1500万円を販売
11　買掛金750万円を支払う（「勘定合って銭足らず」に）
12　売掛金1500万円のうち1000万円を回収する
13　給料50万円を支払う（うち源泉所得税2万円は会社が一時預かる）
14　商品の発送費用100万円を一括支払い
15　短期借入金500万円を返済し、利息50万円を支払う

16　「在庫100万円」を認識する

17　「減価償却費10万円」と「繰延資産償却費6万円」を計上する

つまり、40・41ページの図は、17番目のお題である「『減価償却費10万円』と『繰延資産償却費6万円』を計上する」が終わった段階のものです。

『新版 財務3表一体理解法』を読まずに本書に取り組んでおられる方にとっては、そんなお題の内容はどうでもいいかもしれません。『新版 財務3表一体理解法』を読まずに本書をお読みの方は、これまでにいろんな取引があって、現時点である数字が入っている状態からドリルが始まると思っていただければ結構です。

なお、直接法CSと間接法CSで違いがあるのは営業キャッシュフローの欄だけです。投資キャッシュフローと財務キャッシュフローは同じなので、間接法CSの投資キャッシュフローと財務キャッシュフローは割愛しています。

これからの第2章では、新会計基準について、一つひとつの取引によって数字がどう変化していくかを追っていきますが、表を見る順番は基本的に次のようになります。

❶ 第一に、それぞれの取引がPLに影響を与えるかどうかを見ます。PLに影響を与える取引だと数字が変化しますが、取引によってはPLの数字が全く動かない場合もあります。

←

❷ 次に、PLの「当期純利益」がBSの「繰越利益剰余金」とつながっていることを

損益計算書（PL）

売上高	1800
売上原価	
期首商品棚卸高	0
当期商品仕入高	900
期末商品棚卸高	100
差引	800
売上総利益（粗利）	1000
販管費	
給料手当	50
外注費	20
荷造運賃発送費	100
事務用品費	5
減価償却費	10
営業利益	815
営業外費用	
支払利息	50
繰延資産償却費	6
経常利益	759
税引前当期純利益	759
法人税等	
当期純利益	759

❶PLに影響を与えるか

❷BSとつながっている

❻「税引前当期純利益」を書き写す

貸借対照表（BS）

（単位：万円）

資産の部		負債の部	
流動資産		流動負債	
現金及び預金	397	買掛金	
売掛金	500	短期借入金	
商品	100	未払法人税等	
		預り金	2
		固定負債	
固定資産		長期借入金	
有形固定資産		純資産の部	
工具器具備品	40	株主資本	
		資本金	300
繰延資産		利益剰余金	
創立費	24	繰越利益剰余金	759
資産合計	1061	負債・純資産合計	1061

❺上下が一致する

❸左右が一致する

❹現金の動きを確認する

直接法CS

営業キャッシュフロー	
営業収入（＋）	1300
商品の仕入支出（－）	-900
人件費支出（－）	-48
その他の営業支出（－）	-125
小　計	227
利息の支払額（－）	-50
法人税等の支払額（－）	
営業活動によるCF計	177
投資キャッシュフロー	
固定資産取得（－）	-50
その他の投資支出（－）	-30
投資活動によるCF計	-80
財務キャッシュフロー	
短期借入収入（＋）	500
短期借入返済（－）	-500
株式発行収入（＋）	300
財務活動によるCF計	300
現金＆同等物の増減額	397
現金＆同等物期首残高	0
現金＆同等物期末残高	397

❼一致する

間接法CS

営業キャッシュフロー	
税引前当期純利益	759
減価償却費（＋）	10
支払利息（＋）	50
その他非資金損増加（＋）	6
売上債権の増加（－）	-500
棚卸資産の増加（－）	-100
仕入債務の増加（＋）	
その他負債の増加（＋）	2
小　計	227
利息の支払額（－）	-50
法人税等の支払額（－）	
営業活動によるCF計	177

投資CFと財務CFは
直接法CSと同じ

確認します（**つながりA**）。

❸ ←　BSの左側の合計と右側の合計は常に一致します。それぞれの取引でBSのそれぞれの項目の数字に変化があっても、BSの左右が一致していることを確認します（**つながりB**）。

❹ ←　次に、直接法CSで実際の現金の動きを確認します。

❺ ←　直接法CSの一番下にある「現金&同等物期末残高」が、BSの「現金及び預金」と一致していることを確認します（**つながりC**）。

❻ ←　次は、間接法CSです。間接法CSの一番上の数字は、PLの「税引前当期純利益」であり、それが書き写されていることを確認します（**つながりD**）。

←

❼ 最後に、間接法CSの「営業活動によるCF計」が、直接法CSの「営業活動によるCF計」と一致していることを確認します（**つながりE**）。

すべてのお題についてこの通りに解説するわけではありませんが、思考の順番は常に1から7の順ですので、この順を頭に入れながら読み進めてください。

〈注意〉

これから説明する財務3表の様式は、基本的に日本の会計基準や法令等に則って作っていますが、紙面の制約のため一部に例外があります。例えば、勘定科目の表記を一部簡略化し、PLの「販売費及び一般管理費」を「販管費」としたり、CSの「現金及び現金同等物の期末残高」を「現金&同等物期末残高」としたりしています。

ちなみに、34ページの図表1－3で説明したCSの一番下は「現金の残高」ではなく、正しくは「現金及び現金同等物の期末残高」ですし、BSの一番上は「現金」ではなく「現金及び預金」です。

会計の定義では、CSの「現金及び現金同等物の期末残高」には、現金及び3カ月以内の定期預金等が含まれます。一方、BSの「現金及び預金」には、現金及び1年以内の定期預金が含まれます。このため、実際の財務3表では、CSの一番下とBSの一番上の数値は完全に一致せず、多少違いがある場合があります。

この本は、「会計の仕組みを理解する」という大きなテーマに重点を置いていますので、細かい点は省略してある場合があることをご理解ください。

第2章　財務3表一体理解法〜新会計基準編

（1）2000年以降に出てきた5つの新しい会計基準とは

会計の基準が2000年から2005年にかけてかなり変わりました。「退職給付会計」「時価会計」「税効果会計」といったものです。新聞などでこれらの単語を見たことはあっても、詳しい内容をご存じの方はほとんどいらっしゃらないのではないでしょうか。例えば、「税効果会計適用の厳格化によって、2003年にりそな銀行が国有化された」ということの意味を、正確に説明できる人は少ないのではないかと思います。しかし、「財務3表一体理解法」を使えば、これらの新しい会計基準も比較的簡単に理解できます。

この章で説明する新しい会計基準とは、先ほど例に挙げた「退職給付会計」、「時価会計」、「税効果会計」の3つに、「減損会計」と「自己株式の取得」を加えた5つです。

新しい会計基準だからといって、基本が変わったわけではありません。これらが採用された主な理由はすべて同じです。それは、『新版 財務3表一体理解法』でも繰り返し述べたように、「会社の正しい姿を表すため」です。個々の会社が抱えている将来のリスクや現在の状況を、より詳しく銀行や投資家などの関係者に示すために採用されたのです。

本書で使う財務3表は、『新版 財務3表一体理解法』で使ったものと少し違っています。新しい会計基準を説明するために少し項目が増えているからです。ただ、財務3表の基本的な仕組み自体に変わりはありません。

第1章でも述べたように、本書のこれからのドリルは、『新版 財務3表一体理解法』の17番目のお題である「『減価償却費10万円』と『繰延資産償却費6万円』を計上する」（41ページの図）の続きとして数字を入れていきます。また、この第2章も『新版 財務3表一体理解法』と同じように、漆器販売会社の財務3表として説明していきます。

(2) 一つひとつの取引が財務3表にどう反映されるかを理解する

①退職給付会計を適用し、「退職給付費用」5万円を計上する

まず退職給付会計の考え方から説明しましょう。図表2－1をご覧ください。退職給付会計の考え方は、実は減価償却費の期間按分《あんぶん》の考え方と似ています。各期の収益はその期に在籍していた従業員の働きによって獲得されたものですが、従業員にかかる費用は毎月の給料だけではありません。従業員が定年のときなどに支払われる退職金もそれに含まれます。

そうした意味合いのある退職金を、それが支払われた年だけの費用として計上するのでは、収益と費用が対応しなくなってしまいます。したがって図表2－1のように、将来支払われるであろう退職金を期間按分して各期の費用として計上する、というのが退

職給付会計です。毎年、計上される費用は「退職給付費用」と呼ばれます。その金額の算定は、専門家が各会社の退職金規定などを分析して行います。

ここからは次のページの財務3表の図を見ながら読み進めてください。「退職給付費用」の項目はPLの販管費の中にありますから、そこに5万円が入ります。これによって当期純利益が5万円押し下げられ、それとつながっているBSの繰越利益剰余金も5万円下がります。

図表 2-1
退職給付会計の考え方

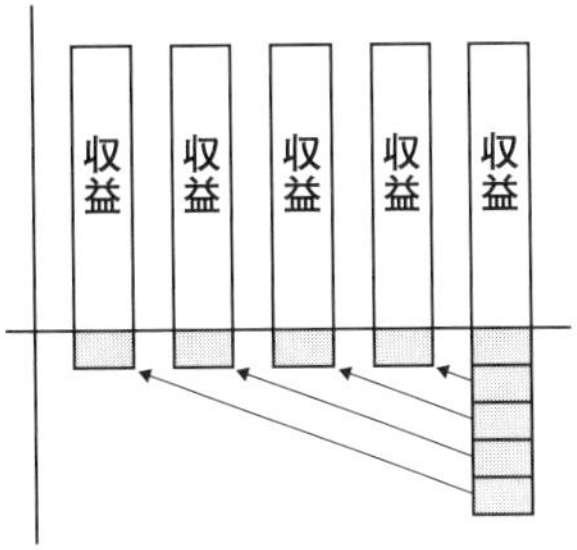

退職給付費用は、減価償却費と同じように費用が計上されるだけで、ここで現金が支払われるわけではありません。したがって、BSの左側は動きません。では繰越利益剰余金が下がった分はどうなるのでしょうか。退職給付引当金を将来支払わなければならない負債（しかも、1年を越えて支払われる負債なので固定負債）として捉え、固定負債の「退職給付引当金」に5万円が計上されます。これでBSの

左右がバランスします。

現金の動きはありませんから、直接法CSは変化しません。間接法CSは、現金の動きがないのに税引前当期純利益が5万円下がったので、退職給付引当金が増加した分を足し戻しています。「退職給付引当金増加」の5万円です。

これで、将来支払われる退職金の今期分の費用がPLに計上されると同時に、この会社が将来支払わなければならない退職金にかかわる負債がBS上で明確になったのです。

損益計算書（PL）

売上高	1800
売上原価	
期首商品棚卸高	0
当期商品仕入高	900
期末商品棚卸高	100
差引	800
売上総利益（粗利）	1000
販管費	
給料手当	50
退職給付費用	5
外注費	20
荷造運賃発送費	100
事務用品費	5
減価償却費	10
貸倒引当金繰入額	
営業利益	810
営業外費用	
支払利息	50
繰延資産償却費	6
有価証券評価損	
経常利益	754
特別損失	
減損損失	
税引前当期純利益	754
法人税等	
法人税等調整額	
当期純利益	754

❶PLに影響を与えるか

❷BSとつながっている

❻「税引前当期純利益」を書き写す

貸借対照表（BS）

（単位：万円）

資産の部		負債の部	
流動資産		流動負債	
現金及び預金	397	買掛金	
売掛金	500	短期借入金	
貸倒引当金		未払法人税等	
有価証券		預り金	2
商品	100	固定負債	
繰延税金資産		長期借入金	
固定資産		退職給付引当金	5
有形固定資産		純資産の部	
工具器具備品	40	株主資本	
投資その他の資産		資本金	300
投資有価証券		利益剰余金	
関係会社株式		繰越利益剰余金	754
繰延資産		自己株式	
創立費	24	その他有価証券評価差額金	
資産合計	1061	負債・純資産合計	1061

❸左右が一致する

❹現金の動きを確認する

❺上下が一致する

直接法 CS

営業キャッシュフロー	
営業収入（＋）	1300
商品の仕入支出（−）	-900
人件費支出（−）	-48
その他の営業支出（−）	-125
小　計	227
利息の支払額（−）	-50
法人税等の支払額（−）	
営業活動によるCF計	177
投資キャッシュフロー	
有価証券取得（−）	
固定資産取得（−）	-50
投資有価証券取得（−）	
関係会社株式取得（−）	
その他の投資支出（−）	-30
投資活動によるCF計	-80
財務キャッシュフロー	
短期借入収入（＋）	500
短期借入返済（−）	-500
株式発行収入（＋）	300
自己株式取得（−）	
財務活動によるCF計	300
現金＆同等物の増減額	397
現金＆同等物期首残高	0
現金＆同等物期末残高	397

❼一致する

間接法 CS

営業キャッシュフロー	
税引前当期純利益	754
減価償却費（＋）	10
貸倒引当金増加（＋）	
退職給付引当金増加（＋）	5
支払利息（＋）	50
有価証券評価損（＋）	
減損損失（＋）	
その他非資金損増加（＋）	6
売上債権の増加（−）	-500
棚卸資産の増加（−）	-100
仕入債務の増加（＋）	
その他負債の増加（＋）	2
小　計	227
利息の支払額（−）	-50
法人税等の支払額（−）	
営業活動によるCF 計	177

投資CFと財務CFは直接法CSと同じ

②「貸倒引当金」を10万円計上する

貸倒引当金は新しい会計基準ではありませんが、後で説明する税効果会計の準備としてここで取り上げることにします。

この会社には現在５００万円の売掛金が残っていますが、通常のビジネスでは売掛金は常に１００％回収されるわけではありません。蓄積された過去のデータなどから回収不能になりそうな金額を計算して、そのリスクに備える意味で「貸倒引当金」を計上します。

ここでは売掛金の２％の10万円を貸倒引当金として計上することにします。５００万円の売掛金のうち10万円は回収不可能と見なすわけです。『新版 財務3表一体理解法』から続く今回のケースは信用できるひとりのお客様の商品購入ですので、貸し倒れはまず起こりません。ここでは仮に、多くの人との取引で売掛金がたまっているという一般論として話を進めます。

ここからは次のページの財務３表の図を見ながら読み進めてください。ＰＬの販管費に「貸倒引当金繰入額」の項目がありますから、ここに10万円を計上します。この結果、当期純利益とＢＳの繰越利益剰余金が10万円押し下げられます。

貸倒引当金の計上は現金が動いているわけではありませんから、ＢＳの現金及び預金に変化はありません。ＢＳの左側で、５００万円の売掛金のうち10万円が回収できないと見なしていることを表現します。左側の流動資産の売掛金の下に「貸倒引当金」として「マイナス10万円」を計上するのが一般的です。これでＢＳの右左が一致します。

ＢＳの左側が意味していることは、現在５００万円の売掛金があるが、過去のデータなどから、そのうちの10万円は回収できない可能性が極めて高い。だから、実態的には４９０万円の売掛金しかないということを表しているのです。

現金の動きはありませんから、直接法ＣＳは変化しません。間接法ＣＳは現金の動きがないのに税引前当期純利益が10万円下がったので、貸倒引当金が増加した分を足し戻しておかなければなりません。「貸倒引当金増加」の10万円です。

ところで、この時点でＰＬに計上されている売上高の１８００万円は、ＢＳの売掛金

５００万円が反映されたものです。つまり、売掛金５００万円があるから売上高が１８００万円になっているように理解できます。とすると、売掛金の10万円が回収不能と認識するのですから、ＰＬの売上高を１８００万円ではなく「１７９０万円」にすればよさそうなものですが、会計ではそのようには取り扱いません。売上高を減らすのではなく、費用として10万円差し引いて営業利益以下の利益を10万円押し下げるようにするのが決まりです。

損益計算書（PL）

❶ＰＬに影響を与えるか

❷ＢＳとつながっている

売上高	1800
売上原価	
期首商品棚卸高	0
当期商品仕入高	900
期末商品棚卸高	100
差引	800
売上総利益（粗利）	1000
販管費	
給料手当	50
退職給付費用	5
外注費	20
荷造運賃発送費	100
事務用品費	5
減価償却費	10
貸倒引当金繰入額	10
営業利益	800
営業外費用	
支払利息	50
繰延資産償却費	6
有価証券評価損	
経常利益	744
特別損失	
減損損失	
税引前当期純利益	744
法人税等	
法人税等調整額	
当期純利益	744

❻「税引前当期純利益」を書き写す

貸借対照表（BS）

（単位：万円）

資産の部		負債の部	
流動資産		**流動負債**	
現金及び預金	397	買掛金	
売掛金	500	短期借入金	
貸倒引当金	-10	未払法人税等	
有価証券		預り金	2
商品	100	**固定負債**	
繰延税金資産		長期借入金	
固定資産		退職給付引当金	5
有形固定資産		**純資産の部**	
工具器具備品	40	**株主資本**	
投資その他の資産		資本金	300
投資有価証券		利益剰余金	
関係会社株式		繰越利益剰余金	744
繰延資産		自己株式	
創立費	24	その他有価証券評価差額金	
資産合計	1051	**負債・純資産合計**	1051

❺上下が一致する

❸左右が一致する

❹現金の動きを確認する

直接法CS

営業キャッシュフロー	
営業収入（＋）	1300
商品の仕入支出（－）	-900
人件費支出（－）	-48
その他の営業支出（－）	-125
小　計	227
利息の支払額（－）	-50
法人税等の支払額（－）	
営業活動によるCF計	177
投資キャッシュフロー	
有価証券取得（－）	
固定資産取得（－）	-50
投資有価証券取得（－）	
関係会社株式取得（－）	
その他の投資支出（－）	-30
投資活動によるCF計	-80
財務キャッシュフロー	
短期借入収入（＋）	500
短期借入返済（－）	-500
株式発行収入（＋）	300
自己株式取得（－）	
財務活動によるCF計	300
現金＆同等物の増減額	397
現金＆同等物期首残高	0
現金＆同等物期末残高	397

❼一致する

間接法CS

営業キャッシュフロー	
税引前当期純利益	744
減価償却費（＋）	10
貸倒引当金増加（＋）	10
退職給付引当金増加（＋）	5
支払利息（＋）	50
有価証券評価損（＋）	
減損損失（＋）	
その他非資金損増加（＋）	6
売上債権の増加（－）	-500
棚卸資産の増加（－）	-100
仕入債務の増加（＋）	
その他負債の増加（＋）	2
小　計	227
利息の支払額（－）	-50
法人税等の支払額（－）	
営業活動によるCF 計	177

投資CFと財務CFは直接法CSと同じ

③金融商品の時価会計①　「売買目的有価証券」10万円、「投資有価証券」20万円、「関係会社株式」30万円を現金で取得する

時価会計とは、金融資産と金融負債の一部を期末の時価に基づいて評価し直す会計のことです。例えば、保有していた株式などの有価証券の価格が下落したときに、有価証券の評価を取得したときの価格のままにしておくと、実際の価値とは乖離した資産を会計上持っていることになってしまいます。これでは会社の姿を正しく表すことにならないため、決算時点での差損益を財務諸表に反映させるのです。時価会計が適用されるのは金融資産と金融負債だけです。

時価会計の処理の準備をするために、まずは「売買目的有価証券」を10万円、「投資有価証券」を20万円、「関係会社株式」を30万円、それぞれ取得したとして、その計上の仕方を説明しておきましょう。

売買目的有価証券とは、短期間で売買して利益をあげるために保有する有価証券のことです。これに対して投資有価証券は、売買して利益をあげるのではなく、株式の持ち

合いなど長期間保有しておく有価証券のことです。関係会社株式とは、子会社や関連会社の株式を指します。なお、子会社と関連会社の定義については第5章で詳しく説明します。

ここからは次のページの財務3表の図を見ながら読み進めてください。みなさんの会社は漆器販売会社であって、有価証券の売買を主たる業務としている会社ではありませんので、株式などの有価証券を買ってもPLに動きはありません。

これらの取得は、BSの左側に資産として計上されます。売買目的有価証券は流動資産の「有価証券」の項目に10万円を入れ、投資目的有価証券は固定資産の「投資有価証券」に20万円、そして関係会社株式は同じ固定資産の「関係会社株式」に30万円を計上します。3つの取引の合計額60万円が新たに資産として計上されますが、逆に取得価額分の現金が合計で60万円出ていくので、BSの現金及び預金は397万円から337万円に60万円減り、BSの左右は一致します。

これら有価証券の取得は、CSの投資CFの欄にそれぞれ表れます。「有価証券取得」に売買目的有価証券の取得価額「マイナス10」が入り、同様に投資有価証券と関係会社株式は、「投資有価証券取得」と「関係会社株式取得」にそれぞれ「マイナス20」と「マイナス30」が入ります。

すると、CSの現金&同等物期末残高は337万円となり、これはBSの現金及び預金と一致しています。有価証券の取得は営業活動に関係がないので、営業CFは直接法・間接法ともに動きがありません。

損益計算書（PL）

売上高	1800
売上原価	
期首商品棚卸高	0
当期商品仕入高	900
期末商品棚卸高	100
差引	800
売上総利益（粗利）	1000
販管費	
給料手当	50
退職給付費用	5
外注費	20
荷造運賃発送費	100
事務用品費	5
減価償却費	10
貸倒引当金繰入額	10
営業利益	800
営業外費用	
支払利息	50
繰延資産償却費	6
有価証券評価損	
経常利益	744
特別損失	
減損損失	
税引前当期純利益	744
法人税等	
法人税等調整額	
当期純利益	744

❶PLに影響を与えるか

❷BSとつながっている

❻「税引前当期純利益」を書き写す

貸借対照表（BS）

（単位：万円）

資産の部		負債の部	
流動資産		**流動負債**	
現金及び預金	337	買掛金	
売掛金	500	短期借入金	
貸倒引当金	-10	未払法人税等	
有価証券	10	預り金	2
商品	100	**固定負債**	
繰延税金資産		長期借入金	
固定資産		退職給付引当金	5
有形固定資産		**純資産の部**	
工具器具備品	40	**株主資本**	
投資その他の資産		資本金	300
投資有価証券	20	利益剰余金	
関係会社株式	30	繰越利益剰余金	744
繰延資産		自己株式	
創立費	24	その他有価証券評価差額金	
資産合計	1051	**負債・純資産合計**	1051

❸左右が一致する

❺上下が一致する

❹現金の動きを確認する

直接法 CS

営業キャッシュフロー	
営業収入（＋）	1300
商品の仕入支出（－）	-900
人件費支出（－）	-48
その他の営業支出（－）	-125
小　計	227
利息の支払額（－）	-50
法人税等の支払額（－）	
営業活動によるCF計	177
投資キャッシュフロー	
有価証券取得（－）	-10
固定資産取得（－）	-50
投資有価証券取得（－）	-20
関係会社株式取得（－）	-30
その他の投資支出（－）	-30
投資活動によるCF計	-140
財務キャッシュフロー	
短期借入収入（＋）	500
短期借入返済（－）	-500
株式発行収入（＋）	300
自己株式取得（－）	
財務活動によるCF計	300
現金＆同等物の増減額	337
現金＆同等物期首残高	0
現金＆同等物期末残高	337

❼一致する

間接法 CS

営業キャッシュフロー	
税引前当期純利益	744
減価償却費（＋）	10
貸倒引当金増加（＋）	10
退職給付引当金増加（＋）	5
支払利息（＋）	50
有価証券評価損（＋）	
減損損失（＋）	
その他非資金損増加（＋）	6
売上債権の増加（－）	-500
棚卸資産の増加（－）	-100
仕入債務の増加（＋）	
その他負債の増加（＋）	2
小　計	227
利息の支払額（－）	-50
法人税等の支払額（－）	
営業活動によるCF 計	177

投資CFと財務CFは直接法CSと同じ

④金融商品の時価会計② 期末に評価損発生、それぞれの計上価額を引き下げる

有価証券の価値を財務諸表でどう評価していくかについては、有価証券の保有目的ごとに図表2－2のように決まりがあります。

時価で評価されるのは、「売買目的有価証券」と持ち合い株式などを指す「その他有価証券」の2つです。売買目的有価証券の差損益はPLの「有価証券評価損」に金額が計上され、その他有価証券の差損益はBS右側の純資産の部の「その他有価証券評価差額金」に直接計上されます。短期の売買を目的とする有価証券の差損益はPLに反映されますが、そうでないものはPLに反映されないという決まりです。理に適っている感じがします。

一方、満期になるまで保有する国債などを指す「満期保有目的の債券」と「子会社・関連会社株式」は、市場価格が変わっても財務諸表では取得原価が記載されたまま動きません。満期保有が目的の債券は、売買するのではなく基本的に満期まで保有しておく

図表 2-2　**有価証券の評価基準と取り扱い方法**

有価証券の所有目的	評価基準	評価差額の取り扱い
売買目的有価証券	時価	当期の損益とする
満期保有目的の債券	原則原価	—
子会社・関連会社株式	原価	—
その他有価証券	時価	純資産の部に直接計上する

のですから、期ごとに価値の上下を反映する必要はないということです。また、子会社・関連会社株式への投資は、株価の値上がりによる評価益や売却益を狙ったものではなく、親会社が直接事業を行うかわりに、子会社・関連会社にその事業を行わせることを意味します。例えば、親会社自身が設備を購入して新たな事業を行う場合に、その設備を毎期時価評価することがないこととの整合性を図るため、子会社・関連会社株式も時価評価は行わないのです。

今回は売買目的有価証券が10万円から6万円に、投資有価証券が20万円から15万円に、関係会社株式が30万円から20万円に、それぞれ値下がりしたとします。

ここからは次のページの財務3表の図を見ながら読み進めてください。まず、売買目的有価証券は時価評価しますから、BSの左側の有価証券は「10」から「6」に変わります。この4万円下がった分は費用として計上され、ＰＬの営業外費用の「有価証券評価損」に4万円が入ります。すると経常利益以下の利益が4万円押し下げられ、それがＢＳの右側も押し下げるので、ＢＳの左右がバランスします。

投資有価証券も時価評価しますから、ＢＳの左側の投資有価証券は「20」から「15」に変わります。投資有価証券が20万円から15万円に下がった分は、ＢＳの純資産の部の「その他有価証券評価差額金」に、直接「マイナス5万円」を計上します。

損益計算書（PL）

売上高	1800
売上原価	
期首商品棚卸高	0
当期商品仕入高	900
期末商品棚卸高	100
差引	800
売上総利益（粗利）	1000
販管費	
給料手当	50
退職給付費用	5
外注費	20
荷造運賃発送費	100
事務用品費	5
減価償却費	10
貸倒引当金繰入額	10
営業利益	800
営業外費用	
支払利息	50
繰延資産償却費	6
有価証券評価損	4
経常利益	740
特別損失	
減損損失	
税引前当期純利益	740
法人税等	
法人税等調整額	
当期純利益	740

❶PLに影響を与えるか

❷BSとつながっている

❻「税引前当期純利益」を書き写す

貸借対照表（BS）

（単位：万円）

資産の部		負債の部	
流動資産		流動負債	
現金及び預金	337	買掛金	
売掛金	500	短期借入金	
貸倒引当金	-10	未払法人税等	
有価証券	6	預り金	2
商品	100	固定負債	
繰延税金資産		長期借入金	
固定資産		退職給付引当金	5
有形固定資産		**純資産の部**	
工具器具備品	40	株主資本	
投資その他の資産		資本金	300
投資有価証券	15	利益剰余金	
関係会社株式	30	繰越利益剰余金	740
繰延資産		自己株式	
創立費	24	その他有価証券評価差額金	-5
資産合計	1042	負債・純資産合計	1042

❸左右が一致する

❹現金の動きを確認する

❺上下が一致する

直接法CS

営業キャッシュフロー	
営業収入(+)	1300
商品の仕入支出(−)	-900
人件費支出(−)	-48
その他の営業支出(−)	-125
小　計	227
利息の支払額(−)	-50
法人税等の支払額(−)	
営業活動によるCF計	177
投資キャッシュフロー	
有価証券取得(−)	-10
固定資産取得(−)	-50
投資有価証券取得(−)	-20
関係会社株式取得(−)	-30
その他の投資支出(−)	-30
投資活動によるCF計	-140
財務キャッシュフロー	
短期借入収入(+)	500
短期借入返済(−)	-500
株式発行収入(+)	300
自己株式取得(−)	
財務活動によるCF計	300
現金&同等物の増減額	337
現金&同等物期首残高	0
現金&同等物期末残高	337

❼一致する

間接法CS

営業キャッシュフロー	
税引前当期純利益	740
減価償却費(+)	10
貸倒引当金増加(+)	10
退職給付引当金増加(+)	5
支払利息(+)	50
有価証券評価損(+)	4
減損損失(+)	
その他非資金損増加(+)	6
売上債権の増加(−)	-500
棚卸資産の増加(−)	-100
仕入債務の増加(+)	
その他負債の増加(+)	2
小　計	227
利息の支払額(−)	-50
法人税等の支払額(−)	
営業活動によるCF計	177

投資CFと財務CFは直接法CSと同じ

一方、関係会社株式は時価が30万円から20万円に下がっても、帳簿価額は30万円のまま変わりません。

時価会計の評価替えによって、このようにＰＬとＢＳは数字が動きますが、これに伴う現金の動きはありませんのでＣＳは全く動きません。ただし、間接法ＣＳでは、ＰＬに計上された有価証券評価損の４万円は現金の動きのない費用項目ですから、これを足し戻しておかなければなりません。「有価証券評価損」の４万円です。

⑤減損会計を適用、「固定資産」40万円を20万円に評価替え

減損会計は、固定資産の収益性が低下して、固定資産にかけた投資額の回収が見込めなくなった場合に適用されます。時価会計は有価証券などの金融資産や金融負債に対して適用されて固定資産には適用されませんが、減損会計は逆に建物や機械装置などの固定資産にだけ適用されます。また、時価会計は価値が上がっても下がってもそれを反映させますが、減損会計は評価が下がった場合に帳簿価額を下げるだけで、評価を上げることはありません。

例えば、ある会社の一事業部門に装置産業としての製油事業があり、そこで製造される油の市場価値が急落したとしましょう。昨今の製油機械は人手がほとんどかかりませんから、機械のコストは減価償却費が大きな割合を占めています。しかし、油の価格の値下がりが激しすぎて、今のままでは将来の売上高を計算しても、とても予定していたような利益は稼げないことがわかりました。

これでは、将来に損失を先送りすることになってしまいます。そこで減損会計の登場となります。製油機械の価値を一時的に大幅に下げることで、それ以降の減価償却費を減らし、固定資産の正しい価値を帳簿価額に反映させるのです。

製油機械のような機械装置の価値は、どのように決まるのでしょうか。まず、機械装置を購入したときに購入費用がＢＳに資産として計上されます。しかし、その機械が生産する製品の市場価値がなくなり、仮に全く売れないとすると、機械装置の価値は「ゼ

損益計算書（PL）

損益計算書（PL）	
売上高	1800
売上原価	
期首商品棚卸高	0
当期商品仕入高	900
期末商品棚卸高	100
差引	800
売上総利益（粗利）	1000
販管費	
給料手当	50
退職給付費用	5
外注費	20
荷造運賃発送費	100
事務用品費	5
減価償却費	10
貸倒引当金繰入額	10
営業利益	800
営業外費用	
支払利息	50
繰延資産償却費	6
有価証券評価損	4
経常利益	740
特別損失	
減損損失	20
税引前当期純利益	720
法人税等	
法人税等調整額	
当期純利益	720

❶ＰＬに影響を与えるか

❷ＢＳとつながっている

❻「税引前当期純利益」を書き写す

貸借対照表（BS）

（単位:万円）

資産の部		負債の部	
流動資産		**流動負債**	
現金及び預金	337	買掛金	
売掛金	500	短期借入金	
貸倒引当金	-10	未払法人税等	
有価証券	6	預り金	2
商品	100	**固定負債**	
繰延税金資産		長期借入金	
固定資産		退職給付引当金	5
有形固定資産		**純資産の部**	
工具器具備品	20	**株主資本**	
投資その他の資産		資本金	300
投資有価証券	15	利益剰余金	
関係会社株式	30	繰越利益剰余金	720
繰延資産		自己株式	
創立費	24	その他有価証券評価差額金	-5
資産合計	1022	**負債・純資産合計**	1022

❸左右が一致する

❺上下が一致する

❹現金の動きを確認する

直接法 CS

営業キャッシュフロー	
営業収入（＋）	1300
商品の仕入支出（－）	-900
人件費支出（－）	-48
その他の営業支出（－）	-125
小　計	227
利息の支払額（－）	-50
法人税等の支払額（－）	
営業活動によるCF計	177
投資キャッシュフロー	
有価証券取得（－）	-10
固定資産取得（－）	-50
投資有価証券取得（－）	-20
関係会社株式取得（－）	-30
その他の投資支出（－）	-30
投資活動によるCF計	-140
財務キャッシュフロー	
短期借入収入（＋）	500
短期借入返済（－）	-500
株式発行収入（＋）	300
自己株式取得（－）	
財務活動によるCF計	300
現金＆同等物の増減額	337
現金＆同等物期首残高	0
現金＆同等物期末残高	337

❼一致する

間接法 CS

営業キャッシュフロー	
税引前当期純利益	720
減価償却費（＋）	10
貸倒引当金増加（＋）	10
退職給付引当金増加（＋）	5
支払利息（＋）	50
有価証券評価損（＋）	4
減損損失（＋）	20
その他非資金損増加（＋）	6
売上債権の増加（－）	-500
棚卸資産の増加（－）	-100
仕入債務の増加（＋）	
その他負債の増加（＋）	2
小　計	227
利息の支払額（－）	-50
法人税等の支払額（－）	
営業活動によるCF 計	177

投資CFと財務CFは直接法CSと同じ

ロ」とするのが会計の考え方です。機械装置の価値は、基本的にその装置が将来生み出す現金（キャッシュフロー）によって決まるのです。減損会計を適用する場合、経営陣がその事業が将来生み出す現金を計算して、当該機械装置の価値を計算します。

ちなみに、会社や事業の売買を行う場合に、会社や事業の売買価格はどうやって決めるのでしょうか。実はいくつかの方法があるのですが、その中でも一番重要なのが、その会社や事業が将来生み出すであろうキャッシュフローをベースに決める方法です。この方法のことをDiscounted Cash Flow法（DCF法、日本語では「収益還元法」）と言います。M&Aにおける企業価値の算定方法を簡単に知りたい方は、私が書いた本の紹介で恐縮ですが、『財務3表実践活用法』（朝日新書）をご参照ください。

話を元に戻しましょう。『新版 財務3表一体理解法』から続く今回の例では、固定資産はパソコンだけでしたので、現実的には減損会計を適用されることはありませんが、ここでは一般の機械装置だと仮定して減損会計を適用してみましょう。

ここからは前のページの財務3表の図を見ながら読み進めてください。BSの工具器具備品が40万円から20万円に減損されるとします。BSの左側の「工具器具備品」が40

万円から20万円になります。この差は、ＰＬの特別損失の「減損損失」に20万円として計上されることでＢＳの左右がバランスします。

減損会計の適用で現金の動きはありませんので、直接法ＣＳに動きはありません。間接法ＣＳは、現金の動きがないのに税引前当期純利益が20万円下がったので、現金の動きを計算するには「減損損失」に20万円入れて足し戻しておく必要があります。

⑥自社の株式50万円を会社が現金で買い取る

会社が、すでに発行されている自社の株式を取得して保有することを「自己株式の取得」と言います。従来は原則禁止で、株式消却やストック・オプションなど、一定の目的のために株式を使う場合にのみ、例外的に認められていました。また、取得を認められた場合でも、「相当の時期」に処分することが求められていました。

しかし、敵対的買収への対抗策や持ち合い株解消の受け皿、さらにはＲＯＥ（自己資本利益率）向上などの目的から、経済界から自己株式に関する規制を緩和するべきだという要望が高まり、２００１年に自己株式の取得が解禁されました。

とは言っても、完全に自由な自己株式の取得を認めてしまうと、資本が維持できなくなる恐れが出るなどの弊害も生じます（この点は後述します）。したがって、実行するには株主総会での決議が必要で、取得総額についても制限が定められています。

会社は株主に出資してもらって作られるものです。会社の株主は通常会社の外に居ます。会社が自分の会社の株を買う、つまり会社が自分の会社の株主になるとは、自分の会社が自分の会社を食べているような感じです。たとえて言えば、タコが自分の足を食べているような感じなのです。実際に、自己株式を取得するとBSの規模が小さくなっていきます。

では、自己株式の取得を財務3表で説明しましょう。ここからは次のページの財務3表の図を見ながら読み進めてください。自己株式の取得は営業活動ではありませんので、PLは何も変化しません。自己株式は現金50万円で買い取るので、BSの左側の現金及び預金が50万円少なくなります。BSがバランスするのは、BSの右側の純資産の部の「自己株式」に「マイナス50」が入るからです。

「マイナス50」ですから純資産の部が50万円少なくなることを意味し、BS全体の規模も同じだけ縮みます。資本金が減ったわけではありませんが、自分で自分を所有していることを「マイナス」で表しているのです。タコが自分の足を食べて、自分の体の大きさ（BS全体の規模）が小さくなっているという感じがおわかりいただけたと思います。

直接法CSも間接法CSも、財務CFの「自己株式取得」に「マイナス50」が入ります。

先ほど、自己株式を制限する理由として資本が維持できなくなる可能性を指摘しましたが、これは例えば資本金50万円で、資産がすべて現金の会社があったとして、この会社が自己株式50万円を取得した場合を考えてください。この会社は、何もない状態になってしまいます。自己株式の取得を制限する理由がおわかりいただけると思います。

ただ、日本では自己株式の取得が解禁されてから、産業界全体で自己株式の取得がど

損益計算書（PL）

売上高	1800
売上原価	
期首商品棚卸高	0
当期商品仕入高	900
期末商品棚卸高	100
差引	800
売上総利益（粗利）	1000
販管費	
給料手当	50
退職給付費用	5
外注費	20
荷造運賃発送費	100
事務用品費	5
減価償却費	10
貸倒引当金繰入額	10
営業利益	800
営業外費用	
支払利息	50
繰延資産償却費	6
有価証券評価損	4
経常利益	740
特別損失	
減損損失	20
税引前当期純利益	720
法人税等	
法人税等調整額	
当期純利益	720

❶ＰＬに影響を与えるか

❷ＢＳとつながっている

❻「税引前当期純利益」を書き写す

貸借対照表（BS）

（単位：万円）

資産の部		負債の部	
流動資産		**流動負債**	
現金及び預金	287	買掛金	
売掛金	500	短期借入金	
貸倒引当金	-10	未払法人税等	
有価証券	6	預り金	2
商品	100	**固定負債**	
繰延税金資産		長期借入金	
固定資産		退職給付引当金	5
有形固定資産		**純資産の部**	
工具器具備品	20	**株主資本**	
投資その他の資産		資本金	300
投資有価証券	15	利益剰余金	
関係会社株式	30	**繰越利益剰余金**	720
繰延資産		自己株式	-50
創立費	24	その他有価証券評価差額金	-5
資産合計	972	**負債・純資産合計**	972

❸左右が一致する

❹現金の動きを確認する

❺上下が一致する

直接法 CS

営業キャッシュフロー	
営業収入(＋)	1300
商品の仕入支出(－)	-900
人件費支出(－)	-48
その他の営業支出(－)	-125
小　計	227
利息の支払額(－)	-50
法人税等の支払額(－)	
営業活動によるCF計	177
投資キャッシュフロー	
有価証券取得(－)	-10
固定資産取得(－)	-50
投資有価証券取得(－)	-20
関係会社株式取得(－)	-30
その他の投資支出(－)	-30
投資活動によるCF計	-140
財務キャッシュフロー	
短期借入収入(＋)	500
短期借入返済(－)	-500
株式発行収入(＋)	300
自己株式取得(－)	-50
財務活動によるCF計	250
現金＆同等物の増減額	287
現金＆同等物期首残高	0
現金＆同等物期末残高	287

❼一致する

間接法 CS

営業キャッシュフロー	
税引前当期純利益	720
減価償却費(＋)	10
貸倒引当金増加(＋)	10
退職給付引当金増加(＋)	5
支払利息(＋)	50
有価証券評価損(＋)	4
減損損失(＋)	20
その他非資金損増加(＋)	6
売上債権の増加(－)	-500
棚卸資産の増加(－)	-100
仕入債務の増加(＋)	
その他負債の増加(＋)	2
小　計	227
利息の支払額(－)	-50
法人税等の支払額(－)	
営業活動によるCF 計	177

投資CFと財務CFは直接法CSと同じ

んどん増えてきています。欧米でも多くの会社が自己株式の取得を積極的に行っています。

自己株式を取得する理由の多くは、ROEの向上です。ROEの計算式は、当期純利益÷自己資本です。自己株式を取得すると自己資本が減っていきます。ROEの計算式の分母が減ればROEは高まるわけです。このあたりのことは、拙著『新版 財務3表図解分析法』をご参照ください。『新版 財務3表図解分析法』では、IBMやP&G、アップルなどが行っている莫大な額の自己株式の取得の具体的な事例についても解説しています。

⑦税法に基づいて法人税を計上する

『新版　財務3表一体理解法』では、税金の詳しい説明を省きました。財務諸表は会計の原則にしたがって作られますが、税金は税法にしたがって計算されます。実は会計の基準と税法の規定は似て非なるもので、税金の計算は少し複雑なのです。

会計では「収益－費用＝利益」となりますが、税法では「益金－損金＝課税所得」です（次ページの図表2－3）。

税金は、税法の「課税所得」に税率をかけて計算します。PLの税引前当期純利益と課税所得は、似ているようで少し違っています。例えば、交際費は会計上は経費になりますが、税法では基本的に損金として認めてもらえません。

また、会計の費用と税法の損金では、認識のタイミングが違うものがあります。例えば、会計では取引先が会社更生法の申し立てをし、債権額の回収が全く見込めない場合、その時点で100％を貸倒引当金として認識します。しかし、税法では一定の要件を満

図表 2-3　**会計基準と税法の基準は違う**

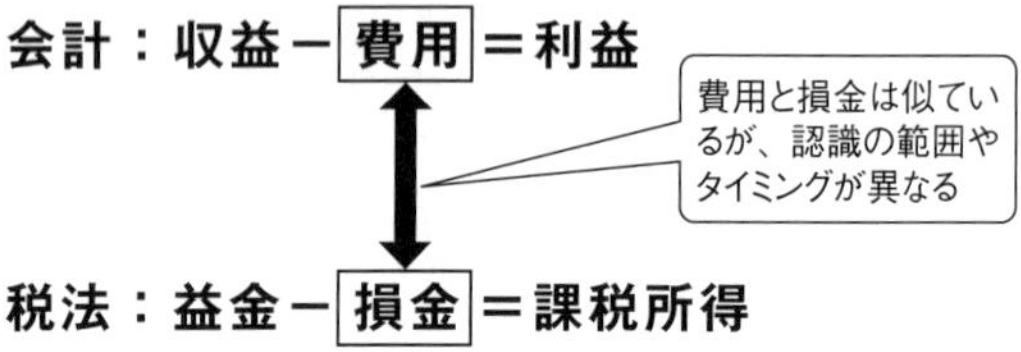
会計：収益－費用＝利益
費用と損金は似ているが、認識の範囲やタイミングが異なる
税法：益金－損金＝課税所得

たすまでは、貸倒引当金は一定額までしか損金として認められません。税法では、会社更生法を申し立てたときに損金として認められるのは、債権額の50％までなのです。

実際の税額を計算してみましょう。法人関連の税金には法人税、法人住民税、法人事業税があり、3税でおおむね課税所得の30％程度が徴収されます。ここでも30％課税で計算します。

繰り返しますが、法人税を計算するための課税所得は、会計上の税引前当期純利益ではありません。税引前当期純利益の計算では、貸倒引当金10万円が費用として計上されています。ところが、税法ではこの貸倒引当金10万円がこの期の損金としては認められなかったとします。

すると、この期の課税所得は、税引前当期純利益よりこの貸倒引当金の10万円分だけ増えることになります。なぜなら、この貸倒引当金10万円が税法でこの期の損金として認められなかったからです。つまり、課税所得は、税引前当期純利益の720万円に貸倒引当金10万円を足し戻した金額、つまり730万円になります（この貸倒引当金以外は、会計の費用の認識と税法の損金の認識のタイミングはすべて同じだったとします）。

以上の前提で税額を計算すると、税額は、課税所得の730万円に30％をかけて219万円になります。ここからは次のページの財務3表の図を見ながら読み進めてください。この219万円の法人税等がPLに計上され、当期純利益を押し下げます。

しかし、この時点では、税金は計上されるだけで実際には支払われません。法人税等の支払いは、決算日の翌日から2カ月以内に行われます。つまり、BSの左側の現金に動きはありません。このまだ支払われていない税額は、BSでは負債の部の「未払法人税等」に計上されます。将来支払わなければならない税金の義務を負ったということですね。これでBSの左右はバランスします。

税額を計上する時点での現金の動きはありませんので、CSは直接法・間接法ともに一切動きはありません。

『新版　財務3表一体理解法』で説明したように、正しい営業活動を反映するためにP

Lに計上する税額と、その期に実際に支払った税額は常に異なるのです。CSの「法人税等の支払額」は、前期の税額の確定した分を当期に支払ったものなのです（ただし、中間納税はなかったという前提です）。

損益計算書（PL）

売上高	1800
売上原価	
期首商品棚卸高	0
当期商品仕入高	900
期末商品棚卸高	100
差引	800
売上総利益（粗利）	1000
販管費	
給料手当	50
退職給付費用	5
外注費	20
荷造運賃発送費	100
事務用品費	5
減価償却費	10
貸倒引当金繰入額	10
営業利益	800
営業外費用	
支払利息	50
繰延資産償却費	6
有価証券評価損	4
経常利益	740
特別損失	
減損損失	20
税引前当期純利益	720
法人税等	219
法人税等調整額	
当期純利益	501

❶PLに影響を与えるか

❷BSとつながっている

❻「税引前当期純利益」を書き写す

貸借対照表（BS）

（単位：万円）

資産の部		負債の部	
流動資産		**流動負債**	
現金及び預金	287	買掛金	
売掛金	500	短期借入金	
貸倒引当金	-10	未払法人税等	219
有価証券	6	預り金	2
商品	100	**固定負債**	
繰延税金資産		長期借入金	
固定資産		退職給付引当金	5
有形固定資産		**純資産の部**	
工具器具備品	20	**株主資本**	
投資その他の資産		資本金	300
投資有価証券	15	利益剰余金	
関係会社株式	30	繰越利益剰余金	501
繰延資産		自己株式	-50
創立費	24	その他有価証券評価差額金	-5
資産合計	972	**負債・純資産合計**	972

❸左右が一致する

❹現金の動きを確認する

❺上下が一致する

直接法 CS

営業キャッシュフロー	
営業収入（＋）	1300
商品の仕入支出（－）	-900
人件費支出（－）	-48
その他の営業支出（－）	-125
小　計	227
利息の支払額（－）	-50
法人税等の支払額（－）	
営業活動によるCF計	177
投資キャッシュフロー	
有価証券取得（－）	-10
固定資産取得（－）	-50
投資有価証券取得（－）	-20
関係会社株式取得（－）	-30
その他の投資支出（－）	-30
投資活動によるCF計	-140
財務キャッシュフロー	
短期借入収入（＋）	500
短期借入返済（－）	-500
株式発行収入（＋）	300
自己株式取得（－）	-50
財務活動によるCF計	250
現金＆同等物の増減額	287
現金＆同等物期首残高	0
現金＆同等物期末残高	287

❼一致する

間接法 CS

営業キャッシュフロー	
税引前当期純利益	720
減価償却費（＋）	10
貸倒引当金増加（＋）	10
退職給付引当金増加（＋）	5
支払利息（＋）	50
有価証券評価損（＋）	4
減損損失（＋）	20
その他非資金損増加（＋）	6
売上債権の増加（－）	-500
棚卸資産の増加（－）	-100
仕入債務の増加（＋）	
その他負債の増加（＋）	2
小　計	227
利息の支払額（－）	-50
法人税等の支払額（－）	
営業活動によるCF計	177

投資CFと財務CFは直接法CSと同じ

⑧税効果会計を適用、会計上の「あるべき姿」で税額を表示する

税金の計算はこれで一件落着したかのように思えますが、今度は会計上の問題が出てきます。会計では貸倒引当金が計上されているのに、税金の計算がこの貸倒引当金を無視した状態でなされるのは会計上おかしいからです。何しろ、みなさんが見ているのは会計の表で、そこには貸倒引当金が計上されているのですから。

そこで、税法による実際の税額表記を残したまま、貸倒引当金を計上している会計と整合性が取れた税額も、同時に表示しておこうということになりました。これが、税効果会計です。

会計上、税引前当期純利益と整合性が取れる税額は、すでにPLに貸倒引当金を計上しているわけですから、あくまで税引前当期純利益の720万円に税率30％をかけた**216**万円になります（図表2－4の左側）。これは、ひとつ前のお題で計算した、税法上の税額の*219*万円と3万円の差があります（会計上のあるべき税額と税法上の支払うべ

図表 2-4　税効果会計の考え方

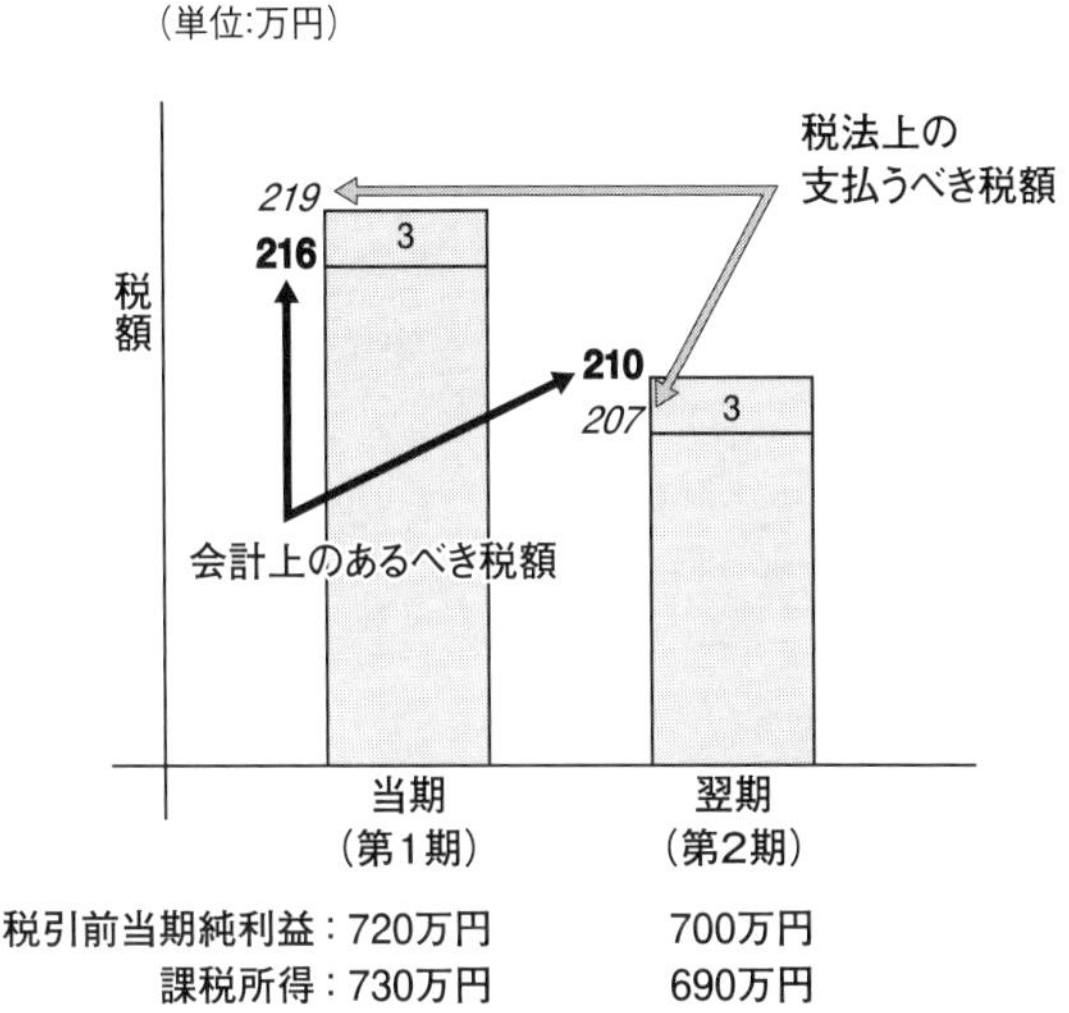

き税額をわかりやすくするために、会計上のあるべき税額は太字で、税法上の支払うべき税額は斜体数字で表しています。以下同様です）。

ここからは次のページの財務３表の図を見ながら読み進めてください。税法上の支払うべき税額の*２１９*万円を財務諸表上に残しながら、会計上のあるべき税額である**２１６**万円がわかるようにするために、会計ではＰＬの法人税等の下に「法人税等調整額」という項目を設けることにしました。そこに、２つの税額の差額の「マイナス3」を計上することにしたのです。

PLを見れば、税法上の支払うべき税額が*219*万円で、会計上のあるべき税額が**216**万円であることがわかるという仕掛けです。

しかし、法人税等調整額に「マイナス3」を書き入れたことによって、当期純利益が3万円押し上げられ、それとつながっているBSの右側も3万円増えてしまいます。さて、BSをバランスさせるには、どうすればよいでしょうか。

損益計算書（PL）

売上高	1800
売上原価	
期首商品棚卸高	0
当期商品仕入高	900
期末商品棚卸高	100
差引	800
売上総利益（粗利）	1000
販管費	
給料手当	50
退職給付費用	5
外注費	20
荷造運賃発送費	100
事務用品費	5
減価償却費	10
貸倒引当金繰入額	10
営業利益	800
営業外費用	
支払利息	50
繰延資産償却費	6
有価証券評価損	4
経常利益	740
特別損失	
減損損失	20
税引前当期純利益	720
法人税等	219
法人税等調整額	-3
当期純利益	504

❶PLに影響を与えるか

❷BSとつながっている

❻「税引前当期純利益」を書き写す

貸借対照表（BS）　（単位:万円）

資産の部		負債の部	
流動資産		流動負債	
現金及び預金	287	買掛金	
売掛金	500	短期借入金	
貸倒引当金	-10	未払法人税等	219
有価証券	6	預り金	2
商品	100	固定負債	
繰延税金資産	3	長期借入金	
固定資産		退職給付引当金	5
有形固定資産		純資産の部	
工具器具備品	20	株主資本	
投資その他の資産		資本金	300
投資有価証券	15	利益剰余金	
関係会社株式	30	繰越利益剰余金	504
繰延資産		自己株式	-50
創立費	24	その他有価証券評価差額金	-5
資産合計	975	負債・純資産合計	975

❸左右が一致する

❹現金の動きを確認する

❺上下が一致する

直接法 CS

営業キャッシュフロー	
営業収入(＋)	1300
商品の仕入支出(－)	-900
人件費支出(－)	-48
その他の営業支出(－)	-125
小　計	227
利息の支払額(－)	-50
法人税等の支払額(－)	
営業活動によるCF計	177
投資キャッシュフロー	
有価証券取得(－)	-10
固定資産取得(－)	-50
投資有価証券取得(－)	-20
関係会社株式取得(－)	-30
その他の投資支出(－)	-30
投資活動によるCF計	-140
財務キャッシュフロー	
短期借入収入(＋)	500
短期借入返済(－)	-500
株式発行収入(＋)	300
自己株式取得(－)	-50
財務活動によるCF計	250
現金＆同等物の増減額	287
現金＆同等物期首残高	0
現金＆同等物期末残高	287

❼一致する

間接法 CS

営業キャッシュフロー	
税引前当期純利益	720
減価償却費(＋)	10
貸倒引当金増加(＋)	10
退職給付引当金増加(＋)	5
支払利息(＋)	50
有価証券評価損(＋)	4
減損損失(＋)	20
その他非資金損増加(＋)	6
売上債権の増加(－)	-500
棚卸資産の増加(－)	-100
仕入債務の増加(＋)	
その他負債の増加(＋)	2
小　計	227
利息の支払額(－)	-50
法人税等の支払額(－)	
営業活動によるCF 計	177

投資CFと財務CFは
直接法CSと同じ

ここから少し話が難しくなりますので、じっくり読み進めてください。わかりにくければ何度も読み返してみてください。きっと、ご理解いただけると思います。

ここで会計年度が翌期（第2期）に移ったと考えてください。仮に、第2期は会計上の新たな貸倒引当金繰入額が「ゼロ」で、たまたま700万円の税引前当期純利益が出たとします。すると、会計上の税金の計算のベースになる税引前当期純利益は700万円であり、第2期の会計上のあるべき税額は**210**万円になります（81ページの図表2－4の右側）。

ところが、当期（第1期）に会計上費用として認識していて、税法では第1期の損金として認められていなかった貸倒引当金10万円が、第2期に税務上損金として認められたとします。

すると、第2期の課税所得は、第2期に税法上損金として認められた貸倒引当金の10万円がありますから、税引前当期純利益の700万円より10万円少ない690万円になります（この場合も、貸倒引当金以外は、会計の費用の認識と税法の損金の認識のタイミングはすべて同じだと考えてください）。

以上の前提で第2期の税額を計算すると、課税所得690万円に税率30%をかけますから、第2期の税法上の支払うべき税額は207万円となり、第2期の会計上のあるべき税額の210万円より3万円少なくなります（81ページの図表2‐4の右側）。

これを会計では、第2期に支払うべき税額が会計上のあるべき税額より3万円少なくて済む権利を保有したと見立てて、BSの左側に資産として3万円を計上する決まりを作りました。項目は、流動資産の中の「繰延税金資産」です（前のページの財務3表の図）。

第2期に、会計上のあるべき税額より税金を3万円少なく支払えばよいということは、第1期に会計上のあるべき税額より3万円多く支払っていた税金が、第2期になって戻ってくるようなイメージがあるので、こういう決まりにしているのだと思います。

なお、税効果会計では現金の動きはありませんから、CSは全く動きがありません。

これが税効果会計の仕組みです。ご理解いただけたでしょうか。

ここで、この第2章の冒頭で触れた「税効果会計適用の厳格化によって、2003年にりそな銀行が国有化された」という記述の意味を説明しておきましょう。

税効果会計を適用して法人税等調整額をどんどんマイナスで計上していけば、費用がマイナスで計上されるということですから、ＰＬの当期純利益が増えていきます。それとつながっているＢＳの繰越利益剰余金も増えます。これは、ＢＳの右側の「純資産の部」が増えることを意味しますし、ＢＳの左側では繰延税金資産が増えていきます。

ただし、法人税等調整額に対応してＢＳの左側に計上される繰延税金資産の額は、会社の状況によっても違うのですが、積み増せる限度が「過去の業績が不安定な会社の場合は、おおむね将来５年間の課税所得の見積額を限度として」というような目安があるのです。

税効果会計で出てくる繰延税金資産とは、将来支払ってもらえる権利ではなく、将来税金を減額してもらえる権利です。なので、将来的に事業が赤字の予測で税金を支払う見込みがない場合は、税効果会計は適用できないのです。

したがって、税効果会計を採用する場合は、必ず将来の事業計画が必要になります。その事業計画をもとに、将来５年間で黒字を出して生み出す課税所得の範囲内でしか、繰延税金資産は積み増せないのです。

さて、銀行業は国際決済銀行（ＢＩＳ）の規制によって、自己資本比率が８％以上ないと国際業務が行えず、４％以上ないと国内業務も行えないことになっています。りそな銀行は将来の事業計画を立て、莫大な法人税等調整額をＰＬに計上して、ＢＳの「純資産の部」を増やすことで、銀行業務を行う最低基準である「自己資本比率４％」をクリアしようとしました。

ところが、りそな銀行が作った5年間の予想黒字額があまりに巨額であったことなどから、監査法人はりそな銀行が作った事業計画を承認しませんでした。法人税等調整額が計上できないと、純資産の部は増えませんから、銀行に自己資本比率４％割れの危機が訪れました。そこで国が支援の手をさしのべます。りそな銀行の自己資本比率が４％以上になるように、国が資本を入れたのです。これが「税効果会計適用の厳格化によって、２００３年にりそな銀行が国有化された」という意味なのです。

実は２０１５年に発覚した東芝の不正会計に端を発して、東芝が東芝メディカルシステムズの売却をしなければならなくなったのも、この税効果会計が影響しています。このことについては第４章で改めて説明します。

以上で、「財務3表一体理解法」の新会計基準編の説明をすべて終わります。最後の税効果会計は少し難しかったかもしれませんが、ここまでくれば、会計の全体像とその基本的な仕組みが、かなり専門的なところまで見えてきたのではないでしょうか。

第3章　「純資産の部」の徹底理解

『新版　財務3表一体理解法』に始まり、本書の第2章までを読めば、複式簿記会計に関してかなりの理解が深まったと思います。この段階において、会計の仕組みの理解という点で最後に残っているのが、この第3章で説明するBSの「純資産の部」の詳細です。私は、この純資産の部が完全に理解できていなければ、本当の意味で会計がわかったとは言えないと思っています。

私にとっても、この純資産の部はわかりにくいところでした。会計の仕組みは論理的でスッキリしているのですが、この純資産の部だけは、人間の利害調整の妥協や、商法改正や会社法施行といった法律の変遷の影響が残っている箇所のように感じます。そんなニュアンスも楽しみながら読み進めていただければと思います。

「はじめに」でも書いたように、世の中には純資産の部だけを説明した分厚い専門書が何冊も出版されていますが、そこに書いてあるのは、「どういったときに資本準備金の数字が増減するか」といった会計の実務に関する細かい説明がほとんどです。ただ、私たち会計の専門家ではない人間は、資本準備金の数字の増減の前に、「資本金という項目があるのに、そもそもなぜ資本準備金という項目が必要なのか」といったことがわからないのです。

この第3章では、純資産の部の基本的な考え方を根本から説き起こしています。この章の説明で、いつもモヤモヤする純資産の部も、霧が晴れるようにご理解いただけると思います。この章が基本的な会計の仕組みを理解するための最終章です。もうひと踏ん張り頑張って読み進めてください。

(1) 株主資本の分類の基本的な考え方

実は純資産の部の表記は、企業グループ全体の連結貸借対照表と個別企業の個別貸借対照表では違いがあります。その理由も含めた違いについては、第5章の国際会計基準のところで説明します。ここからは次のページの図表3－1に示す個別貸借対照表の純資産の部について説明していきます。

ただ、「Ⅱ評価・換算差額等」の項目はちょっと難しいので、第5章の国際会計基準のところで改めて触れることにします。また、「Ⅲ新株予約権」は、この後の137ペ

図表 3-1
個別貸借対照表の純資産の部

純資産の部
- Ⅰ株主資本
  - 1資本金
  - 2資本剰余金
    - (1) 資本準備金
    - (2) その他資本剰余金
  - 3利益剰余金
    - (1) 利益準備金
    - (2) その他利益剰余金
      - 任意積立金
      - 繰越利益剰余金
  - 4自己株式
- Ⅱ評価・換算差額等
  - 1その他有価証券評価差額金
  - 2繰延ヘッジ損益
  - 3土地再評価差額金
- Ⅲ 新株予約権

ージで詳しく説明します。

　ここでは「Ⅰ株主資本」について説明しますが、「Ⅰ株主資本」の中の「4自己株式」については第2章の70～74ページで詳しく説明しました。したがって、「Ⅰ株主資本」の中の、「1資本金」「2資本剰余金」「3利益剰余金」とその中身について詳しく説明していきます（図表3－1の網掛け部分）。

　まずは、株主資本の分類の基本的な考え方をザックリと理解してください。図表3－2をご覧ください。株主資本は、株主から出資してもらった元本（元手）である「資本」と、会社が稼ぎ出した儲けの蓄積である「留保利益」の2つの概念に大きく分類できます。この「資本」と「留保利益」を、これまで勉強してきてよく理解していただいている言葉で言えば、「資本金」と「繰越利益剰余金」です。まずは、この「資本金」と「繰越利益剰余金」の2つの言葉だけを使って、「資本」と「留保利益」の基本的な考え方を説明します。

この2つの中で、資本金は基本的に配当できないもので、繰越利益剰余金は配当できるものです。その理由を考えるには、会社法が株主及び債権者（お金を貸してくれている人）を保護するものであるということを理解しておかなければなりません。

まず、株主の保護という観点です。株主の保護というのは、配当できないというより、資本金の額を勝手に変えてはいけないということです。会社が株主から資本金を集めてきて、経営者が何の承認も得ずに資本金を減らして、その減らした分のお金を勝手に使うと

図表3-2　**株主資本の構成図**

1資本金	資本	株主から注入されたもの
2資本剰余金 (1)資本準備金 (2)その他資本剰余金		
3利益剰余金 (1)利益準備金 (2)その他利益剰余金 任意積立金 繰越利益剰余金	留保利益	会社が稼ぎ出したもの

いうようなことがあってはなりません。ですから、資本金を減らすには株主総会での決議が必要になります。

実は、資本金を配当できないようにしている真の理由は、債権者を保護するためです。会社法には、会社財産について、株主は債権者に劣後する地位にあるというルールがあります。会社が解散して会社財産を分配するときは、まず債権者に分配し、その残りを株主に分配するというルールです。会社は株主のものですから、何かあったらまず協力してくれている債権者に借金を返済してから、その残りが株主のものになるという、当たり前の考え方です。

しかし、読者のみなさんは図表3－3の上側のBSの図をイメージしながら、「そういうルールがあったとしても、資本金は株主が出資したものだから、純資産の部にあたる額の資産を株主に分配し、負債の部にあたる額の資産を債権者に分配すればいいじゃないか」と考えられるかもしれません。

もし、BSの資産の帳簿価額がすべて現在価値と一致していて、BSの資産が、BSの資産の帳簿価額通りに必ず現金になるのなら、それでもいいでしょう。しかし、実際

図表3-3　**資本は債権者保護のための余裕分**

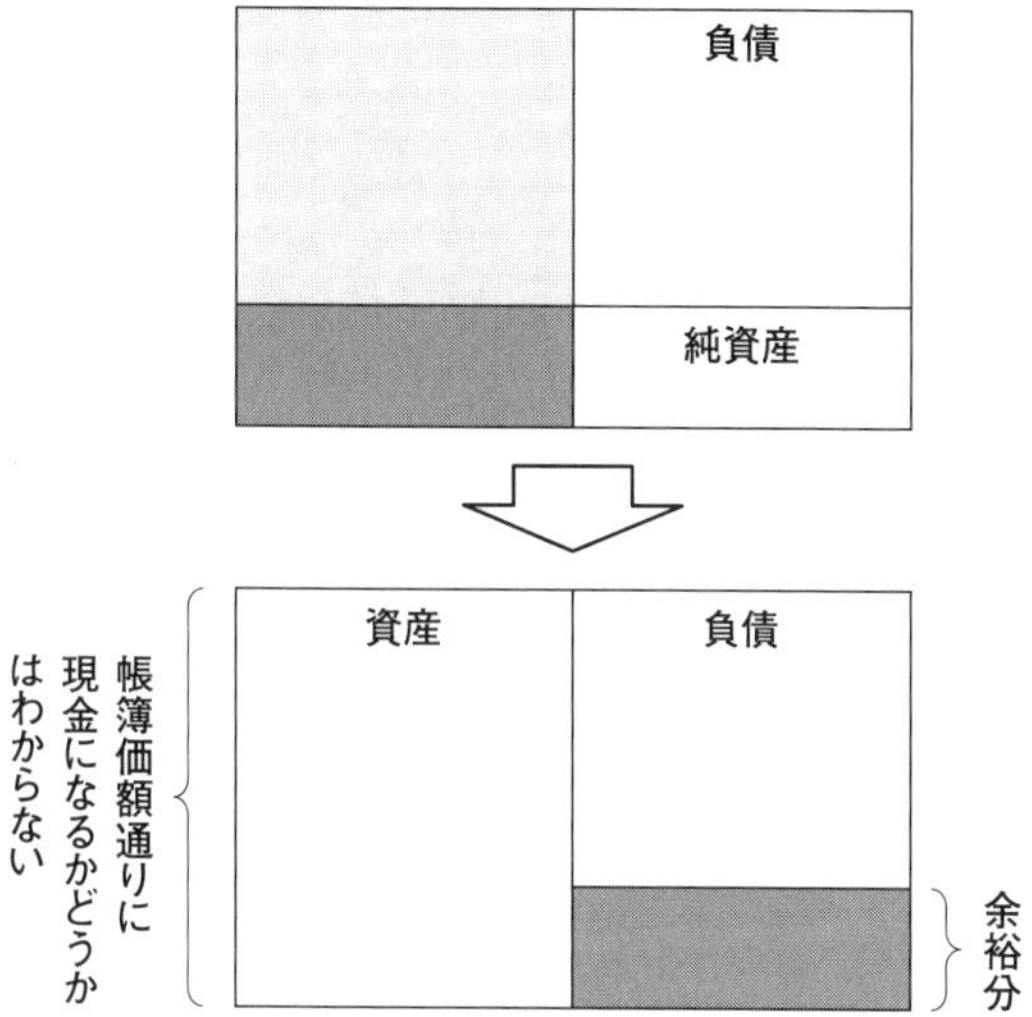

の資産の価値は、帳簿価額より下がっているかもしれません。そのようなリスクに対処して債権者を保護するために、資本金は配当できないことにしているのです。

債権者へ分配する資産が残っているかどうかを、実際の資産価値を調査し計算し判断するには大変な時間と手間がかかります。なので、現実的には帳簿価額から判断するしかありません。つまり、債権者に分配する資産を確保しておくために、現実の資産価値と帳簿価額のズレの余裕分として（図表

3－3の下の図）、資本金分を維持することにしているのです。この余裕分が多ければ多いほど、債権者は自分が貸したお金が戻ってくる可能性が高くなるわけです。

株主は有限責任です。有限責任というのは出資額以上の責任は負わないという意味です。具体的には、会社に財産がなくなって債権者への支払いができなくなっても、株主が追加の負担を求められることはないということを意味します。

もし、債権者に分配する資産が会社に残っておらず、債権者が貸付金の回収ができなかったとしても、債権者は株主に借金の返済を要求することはできません。株主は出資した範囲の有限責任しか負わないからです。なので、債権者を保護するために、資本金分を先に株主に分配することを制限しているのです。これが資本金を配当不可にしている真の理由なのです。

一方で、繰越利益剰余金は配当可能です。なぜなら、繰越利益剰余金は元本を元手にして稼ぎ出されたものだからです。繰越利益剰余金は株主のものであり、株主が自由に処分できます。むしろ、稼ぎ出された儲けは、何らかの形で分配したり、会社に再投資したりすべきものなのです。

資本と留保利益についての基本的な考え方は以上です。簡単に言えば、株主の出資額は払い戻しをしてはならない。事業活動によって出資額以上の余剰が生まれた分（剰余金）に限って配当してよいというのが原則です。

（2）準備金はなぜ必要なのか

原則は以上の通りですが、配当可否をもう少し詳しく見ていきましょう。次のページの図表3－4をご覧ください。上側の図は93ページの図表3－2と同じものです。株主資本は元本である「資本」と、儲けの蓄積である「留保利益」の2つに大きく分類できると言いました。

この株主資本の科目を、配当できるかできないかの観点で整理しなおしたのが図表3－4の下の図です。このように整理すると、株主資本は「資本金」、「準備金」、「その他剰余金」の3つの欄に分かれることがわかります。この3つの欄の中で、株主資本を理解するためのカギになるのが、資本準備金・利益準備金という2つの準備金の存在で

図表 3-4　株主資本の構成図

1資本金	資本	株主から注入されたもの
2資本剰余金 (1) 資本準備金 (2) その他資本剰余金		
3利益剰余金 (1) 利益準備金 (2) その他利益剰余金 任意積立金 繰越利益剰余金	留保利益	会社が稼ぎ出したもの

⇩

1資本金	資本金	配当できない
(1) 資本準備金 (1) 利益準備金	準備金	
(2) その他資本剰余金 (2) その他利益剰余金 任意積立金 繰越利益剰余金	その他剰余金	配当できる

す。

前述したように、資本金は債権者を保護するための余裕分として機能するので重要なものです。債権者は資本金を見て、その会社が債権者を保護する余裕がどれくらいあるかを判断するわけです。資本金が多いと信用力が高いと言われるのはそういう意味です。ですから、資本金の額は登記して公示しなければならないことになっています。

一方で、株主にとっては、出資額のうちの資本金に入れる分が少なければ少ないほど、払い戻しや配当に対する制限が少なくなります。また、会社の経営者にとっては、資本金は簡単に変更できないものですから、将来の欠損のてん補（簡単に言えば、過去の赤字が積み上がって、利益剰余金がマイナスになっている状況の埋め合わせ）のために、資本の中に比較的柔軟に動かせる部分を持っていた方が経営はやりやすくなります。

そのような利害関係の狭間で生まれたのが資本準備金です。会社法では、株式を発行して払い込みを受けた金額（出資額）の2分の1を超えない額を資本準備金として計上することができることになっています。正しく言えば、出資額の2分の1以上を資本金にしなければならないことになっていて、残りは資本準備金に入れなければならないことになっています。資本金に入れない分を勝手に配当されては困るので、資本準備金にして配当できないものにしているのです。図表3－4の下側の図の通りです。

読者のみなさんの中には「どうせ配当できないなら、資本金にしとけばいいじゃないか」と思われた方がおられるでしょう。実は、準備金には将来の損失に対する準備という目的があるのです。

準備金は、48ページで説明した退職給付引当金のようなイメージで理解しておくのもひとつの方法です。退職給付引当金は将来にほぼ間違いなく発生する費用の当期分を引き当てて準備しているのに対し、準備金は将来の欠損に備えるために準備しているものという考え方です。

出資額をすべて資本金にしていたとすれば、欠損をてん補するには資本金を減らす減資を行う必要があります。しかし、準備金が積み上がっていれば、資本金を変えずに欠損のてん補が比較的柔軟にできるのです（どうして柔軟なのかについては103ページの「Coffee Break 1」で説明します）。

利益剰余金がマイナスになっていて、欠損がある状態では配当できませんが、欠損のてん補が比較的簡単にでき、その後に利益が出て利益剰余金が積み上がってくれれば、また配当が可能になります。したがって、欠損のてん補が比較的簡単にできることは、株主にとってもメリットがあるのです。

一方で、利益準備金には債権者の保護という明確な目的があります。図表3－4の上下を比較するとわかるように、会社が稼ぎ出した留保利益の一部である利益準備金が、下の図では配当できないものになっています。

会社法では、配当する場合に配当額の10分の1を利益準備金として積み立てなければならないと定められています（ただし、利益準備金と資本準備金の合計額が資本金の4分の1を超えれば、それ以上の積み立ては不要です）。

会社が稼ぎ出した「留保利益」は本来配当可能であるべきですが、この留保利益の中の一部を利益準備金として配当できないものにし、株主資本の維持あるいは減少を防ぎ、債権者の保護を図っているのです。

法律で積み立てることが求められている準備金が、資本準備金と利益準備金です。株主から注入される資本と、会社が稼ぎ出した留保利益は明確に区分されています。資本の中の積み立てが資本準備金で、留保利益の中の積み立てが利益準備金です。

従来の商法では、資本準備金と利益準備金は個別概念として区分して規定され、利益準備金だけで資本金の4分の1になるまで積み立てることが求められていました。現在の会社法では、利益準備金と資本準備金の合計額が資本金の4分の1になるまで積み立てることが求められるというように変わりました。また、以前は欠損のてん補には、資本準備金よりも利益準備金を優先して取り崩すことが定められていました。そういう意味では、昔の方が債権者保護の意味合いが強かったと言えます。

現在は、資本準備金と利益準備金の2つの準備金がセットになって、将来の欠損のてん補に備えるものになっていると理解しておくのがよいでしょう。

1

資本金と資本準備金の取り崩しの手続き

前述したように、資本金というものは株主にとっても債権者にとっても重要なものです。なので、資本金を減らすには株主総会での特別決議が必要です。特別決議というのは、議決権の3分の2以上の賛成が必要になる決議のことです。これにより株主の保護が図られています。

また、資本金を減らす場合は必ず債権者保護手続きといって、債権者に異議申し立てができることを官報で公告すると同時に債権者に個別に通知（会社法の用語では「催告」）しなければなりません。債権者が異議を述べた場合、返済もしくは相当な担保の提供または相当な財産を信託銀行に預けるなどの対応をしなければなりません。これによって債権者の保護を図っています。

先ほど、資本金を減らすには株主総会の特別決議が必要だと言いましたが、欠損のてん補のために資本金を減らす場合は、例外的に定時株主総会の普通決議（議決権の2分の1以上の賛成が必要になる決議）で足ります。しかし、欠損てん補のために資本金を減らす場合でも、債権者保護手続きは必要です。

一方、欠損てん補のために準備金を減らす場合も定時株主総会の普通決議が必要になりますが、債権者保護手続きは不要になります。これは、欠損をてん補するだけならば、繰越利益剰余金がマイナスからゼロになるだけであって配当もできないので、会社財産の減少につながらないため、債権者保護を考える必要はないであろうという趣旨です。

このように、準備金が積み上がっていれば、資本金を変えずに、欠損のてん補が比較的柔軟に行えるのです。

(3) 資本金と資本準備金への割り振りはどう考えればよいのか

出資額のうち、資本金と資本準備金へどのように振り分けするかは、資本準備金が出資額の2分の1を超えない範囲であれば自由に配分できます。通常、出資額のすべてを資本金とはせず、一部を資本準備金にするのが一般的です。なぜなら、資本準備金と利益準備金の合計額が資本金の4分の1になっていなければ、配当するたびに準備金を積み立てなければならず、配当できる額が制限されるからです。

ただ、前述したように、資本金は債権者が会社の信用を測る目安であり、登記して公示するものですから、できるだけ資本金を多くしておきたいと考える人もいるでしょう。逆に、資本準備金の額を多めにして、経営の柔軟性を高めておきたいと考える人もいるでしょう。

また、資本金の額によって、具体的な影響が出てくることもあります。例えば、会社法上では資本金が5億円以上になると大会社に分類され、会計監査人の設置などの義務が増えます。さらに、資本金の額によって税率も変わりますし、資本金が1億円以上になると、税務調査の管轄が税務署から国税局に替わります。

したがって、実務的には、事業計画によって資本が7億円必要な子会社を作るような場合に、大会社にしないために資本金4億円、資本準備金3億円というような入れ方をしている会社があったりします。また、国税局の管轄になりたくない中小企業などは、資本金8千万円、資本準備金4千万円といった入れ方をしている会社もあります。

会社法が施行され、株式会社の資本金は1千万円以上というような最低資本金規制は廃止され、今では資本金1円でも会社が設立できるようになりました。また、総資本約53兆円の超巨大企業トヨタ自動車の資本金はわずか4千億円程度です。23兆円を超える利益剰余金は積み上がっているものの、総資本に対する資本金の割合は1％未満です（2020年3月期）。このような例からもわかるように、昨今では資本金の額自体は大きな意味を持たなくなってきていると言えるでしょう。

ここまで、資本準備金について長々と説明した最後にこんなことを言うのは恐縮ですが、私たち財務諸表が読めればいいだけの人にとっては、やはり資本金と資本準備金は同じ種類のもの、つまり株主から会社に注入してもらったお金に係るものであると理解しておけばよいと思います。財務の専門家が財務分析をするときも、資本金と資本剰余金はセットで見ています。

(4) その他資本剰余金について

次に、98ページの図表3－4の下側の図の網掛け部分の「その他剰余金」が、どのような場合に数字が計上されるのかを説明します。まずは「その他資本剰余金」です。「その他資本剰余金」は、科目間の振替えの結果として生ずる計数上の受け皿のようなもので、資本金や資本準備金を減少させた場合や、自己株式を処分したときなどに数字が計上されます。

資本金を減らす「減資」の仕組みについては後ほど144ページで詳しく説明しますが、例えば有償減資といって、資本金を減らしてその額を株主に払い戻すような場合、資本金から配当はできませんし、資本と利益は区分されていますので、まず資本金を減

図表3-5　**自己株式の売却**

（単位：万円）

資産	負債
現金　110	
	純資産
	資本金　100
	繰越利益剰余金　20
	自己株式　△10

⇨

資産	負債
現金　122	
	純資産
	資本金　100
	その他資本剰余金　2
	繰越利益剰余金　20
	自己株式　0

らした額を「その他資本剰余金」に振替えます。次に「その他資本剰余金」の額を減らして、その額と同等の現金が配当として株主に払い戻されるのです。もちろん、株主総会の特別決議が必要です。

また、自己株式を帳簿価額より高い値段で売却したような場合に、「その他資本剰余金」に数字が計上されます。図表3－5の左側の図をご覧ください。資本金100万、繰越利益剰余金20万円で、現金120万円を持っていた会社が、10万円の自己株式を取得している場合です。自己株式を取得した場合、BSの左側は現金が10万円減って110万円となり、BSの右側の純資産の部に自己株式がマイナスで計上されることは第2章で説明した通りです。

この10万円の自己株式を12万円で売却した場合、BSの左側は現金12万円が増え、現金総額は122万円になります（図表3－5の右側の図）。一方、BSの右側はマイナスで計上されていた自己株式の10万円がなくなりますから、そのことによってBSの右側は10万円増えます。この差額の2万円が「その他資本剰余金」に計上されるのです。

もし、自己株式を帳簿価額より低い値段で売却して差損が出れば、「その他資本剰余金」から減額します。それでも足りない場合は「その他利益剰余金」の中の「繰越利益剰余金」から減額することになっています。

(5) その他利益剰余金について

次は「その他利益剰余金」です。もう一度、98ページの図表3－4の上側の図をご覧ください。「その他利益剰余金」は「任意積立金」と「繰越利益剰余金」から構成されています。任意積立金は配当として外部に出すのではなく、内部に積み立てることを株主総会で決めてしまっているものです。一方、繰越利益剰余金は当期純利益が積み上がったものです。

詳しく言えば、任意積立金には「設備拡張積立金」や「配当平均積立金」のように目的を持って積み立てる「目的積立金」と、特段の目的を持たない内部留保としての「別途積立金」があります。

任意積立金を積み立てるには株主総会の決議が必要です。一方、任意積立金の取り崩しは、目的に沿ったものは株主総会の決議は不要ですが、目的外の取り崩しには株主総会の決議が必要になります。財務諸表上では、任意積立金を取り崩した分は繰越利益剰余金に繰り入れられます。

ここでもう一度、98ページの図表3－4の下側の図の「配当できる」という話に戻りましょう。私たちが「配当」という場合は、「株主に対する利益の配当」をイメージすると思いますが、会社財産の株主への払い戻しという観点から言えば、「剰余金の配当等」という言葉が適切です。

剰余金の配当等には、繰越利益剰余金からの配当だけでなく、資本金及び資本準備金の減少に伴う払い戻しである、その他資本剰余金からの配当も含まれます。また、自己株式の取得も株主への現金交付という点では、配当と同等と考えられます。

ちなみに、その他資本剰余金を配当する場合も、配当額の10分の1を資本準備金として積み立てなければなりません。繰越利益剰余金の配当の場合と同じです。あくまでも資本と利益は区分されていて、資本剰余金の配当に伴う準備金の積み立ては資本準備金へ、利益剰余金の配当に伴う準備金の積み立ては利益準備金へ繰り入れられるのです。

また、ここまでくれば会社法上の「欠損」の意味も正しく説明できます。欠損とは分配可能額がマイナスの状態のことです。つまり、図表3－4の下側の図の、配当できる「その他剰余金」の合計額がマイナスになっている状態のことなのです。

(6) 欠損てん補のための資本から利益への振替え

資本と利益の混同は禁止されてきました。何の手続きも経ずに資本を利益に振替えてしまうと、振替えた結果、配当可能となります。そして、それが実際に配当されてしまえば、儲けてもいないのに会社財産が減ってしまうからです。

しかし、欠損のてん補のために資本を減らしても、繰越利益剰余金がマイナスからゼロになるだけで、配当もできないため、会社財産が減少する可能性もありません。むしろ、資本を使って事業をした結果、資本を食いつぶしてしまったという事実を表すことになるという意味で、資本と利益の混同に当たらないとされています。

ただし、欠損のてん補額を超えて資本金や資本準備金を取り崩した額は「その他資本剰余金」に繰り入れられます。ちなみに、欠損のてん補額を超えて取り崩した利益準備金の額は「その他利益剰余金」の中の「繰越利益剰余金」に繰り入れられます。「その他資本剰余金」や「その他利益剰余金」は配当可能です。このことは、会社財産を減らして配当するということになりますが、株主総会で決議された結果なので構わないということです。

さらに説明しておくと、２００９年に会社法が改正され、利益剰余金を資本金に振替えることも可能になりました。資本と利益の区分は大前提ですが、株主が賛成するならば（すなわち株主総会での決議を要する）、利益剰余金を、配当することのできない資本に振替えることに問題はないだろうという考え方です。

以上で純資産の部の説明は終わりですが、説明の最後にお伝えしておきたいことがあります。それは、純資産の部の科目に入っている数字は現金ではないということです。資本金を取り崩して欠損をてん補するといっても、それは現金が動いているわけではありません。すべてが財務諸表上の計数の変動に過ぎないのです。その点誤解をされませんように。

2 資本金と株式の関係

私たち会計の専門家ではない人間がついつい混乱してしまうのが、資本金と株式の関係ではないでしょうか。過去には額面株式という制度がありました。みなさんも50円株とか5万円株といった言葉を聞いたことがあるのではないでしょうか。昔のように、株式が額面発行されていた時代には、発行価額に発行済株式数をかければ資本金の額になっていました。

また、昔の株式の発行価額には、額面発行、時価発行、中間発行（額面と時価の中間付近で決定する方法）という3つの方法がありました。

そのような時代は、資本金と資本準備金への振分けも、本来の資本準備金の目的にフィットした意味合いがあったのではないかと思います。例えば、額面5万円の株の発行価額が7万円だった場合、5万円を資本金に繰り入れ、2万円を資本準備金に繰り入れるといった振分けです。額面部分の5万円を資本金として保持し、それを超える分は資本準備金にしておいて柔軟に経営するといった具合です。

しかし、今や額面株式の制度はなくなり、すべて無額面株式となりました。額面株式という概念がなくなりましたので、額面発行・中間発行という概念もなくなりました。

現在の株式の発行価額は、すでに公開している会社が新株を発行する場合、その会社の株式市場での株価をベースに決定するのが一般的です。公開していない会社が新しく株を公開するときの株式公開価格は、競争入札による方法や、引受証券会社が仮の発行条件を提示して投資家の需要を調べたうえで公開価格を決定するような方法がとられています。

では、非上場の株式の価値はどう決まるのでしょうか。会社の価値の算定にはいろんな方法がありますが、重要なもののひとつが株主資本の額です。つまり、資本金が少なくてもたくさんの利益剰余金が積み上がっているような会社の株式の価値は高いのです。例えば、莫大な利益剰余金が積み上がっていて、資本金の100倍の株主資本になっていれば、基本的に株式の価値も100倍になっているということです。

資本金と株式数にも関係はありません。株式の流通量を増やすために、1株を複数の株に分割する株式分割や、逆に株式の管理業務や管理費用を減らすために、複数の株式を合わせてより少ない株式数にする株式併合が行われることがあります。理論上、株式分割や株式併合によって株価が変動することはありません。ただ、実際には売買が活発になるなどの理由によって、市場での株価が変動することはありますが、これらの株式数の変化によって資本金の額は変わりません。

保有していた自己株式を消却して株式の数が減っても資本金の額は変わりません。自己株式を消却する場合の会計上の処理は、109ページで説明した、自己株式が帳簿上の価値より低く売却された場合の会計の処理と同じです。つまり、自己株式の消却は、自己株式が「0」円で処分されたことになります。会計的には消却する自己株式の額を「その他資本剰余金」から減額

図表3-6　**自己株式の消却**

（単位：万円）

資産	負債
現金　110	
	純資産
	資本金　100
	繰越利益剰余金　20
	自己株式　△10

⇒

資産	負債
現金　110	
	純資産
	資本金　100
	繰越利益剰余金　10
	自己株式　0

します。足りない場合は「その他利益剰余金」の中の「繰越利益剰余金」から減額することになっています。

図表3－6を使って具体的な数字で説明しましょう。資本金が100万円で、繰越利益剰余金が20万円あり、自己株式を10万円取得している場合です。

この会社が自己株式を消却したとします。「その他資本剰余金」は積み上がっていなかったとすると、自己株式の消却額は、「繰越利益剰余金」から減額することになりますから、「繰越利益剰余金」が20万円から10万円に減っています。このように、自己株式を消却して、株式の数が減っても資本金は変わらないのです。

自己株式の消却のルールはこのようになっていますから、自己株式の取得制限が、剰余金の分配可能額（期末時点で言えば、「その他資本剰余金」と「その他利益剰余金」の合計額）を超えてはならないという決まりになっているのも頷けます。

さらに説明しておきますと、今や上場会社の株式は株券不発行が原則となっています。株券自体が存在しないのです。今では株券を持っていることが株主の証ではなく、株主が証券会社などに開設した口座の残高記録が株主であることの証明になります。もし、第三者に自分が株主であることを証明する必要がある場合は、口座を開設している証券会社などに証明書を発行してもらうことになります。

では、証券会社などに口座を作らない非上場の会社の株主であることはどうやって証明するのでしょうか。会社法では、会社は株主名簿を作らなければならないことになっています。第三者に自分が株主であることを証明する必要がある場合は、この株主名簿に基づいて会社に証明書を交付してもらうことになります。ですから、株主の住所が変わったり、株式の移転があったりした場合などは、会社は速やかに株主名簿を書き換えなければならないのです。

株券はなくなりましたが、当然のことながら保有株式数はいまだに重要な意味を持ちます。発行済株式の3分の2以上を持っていれば、減資や事業譲渡などの特別決議の決定権を握ることができます。2分の1以上を持っていれば、剰余金の配当や役員報酬の決定などの普通決議の議決権を持ちます。また、発行済株式の3分の1以上に拘《こだわ》るのは、事業譲渡などの特別決議を阻止する権利を有することができるからです。

第４章　組織再編に係る会計について

『新版 財務3表一体理解法』から本書の第3章までで、会計の基本的な仕組みを説明しました。ここまでの知識があれば、実際の財務諸表を見てもわからないところはもうほとんどなくなっていると思います。それどころか、ここまでの知識があれば、かなり複雑な会計の仕組みも理解できるようになっていると思います。

この第4章では、「M&A」や「事業再生」などの組織再編に係る会計の仕組みについて説明します。この分野の専門書では、これらの専門用語が簿記の「仕訳」を使って説明されていますから、仕訳の知識のない人には理解しづらいと思います。本書では、これまで勉強してきた会計の知識をベースにして、概略図を使って簡単に説明します。

また、本章の最後では、三菱自動車工業株式会社（以下「三菱自動車」）・シャープ株式会社（以下「シャープ」）・株式会社東芝（以下「東芝」）などの実例を使って事業再生の会計について解説します。

(1) 組織再編会計の仕組みを概略図で理解する

①M&A（合併と買収）

まずは、合併と買収に係る会計からです。英語ではM&Aと言いますが、M&AとはMerger and Acquisitionの略で、「企業の合併と買収」と訳されます。

A社がB社を単純に吸収合併する場合は、BSを使うと次のページの図表4－1の左側の図のようになります。これはもう、単純にBSの右も左も2社の数字を足し算していくだけです。A社に吸収された旧B社の株主には、旧B社の資本金分に相当するA社の20万円分の株式が発行され交付されるとします。

A社とB社が合併して新しくC社ができるという新設合併の場合も、考え方は基本的に同じです。旧A社の株主、旧B社の株主が、それぞれ新しい会社C社の株主に代わるだけです。

それでは、A社がB社の株式を全部取得し、B社を買収して子会社にする場合はどうでしょう。A社がB社の「100%株主」になるのです。A社がB社の株式を、B社の資本金の額と同等額で取得したとすれば、図表4－1の右側の図のようになります。すなわち、B社の株式取得後のA社のBSの左側は、B社の株式取得のために現金及び預

2. 株式の取得による買収の場合

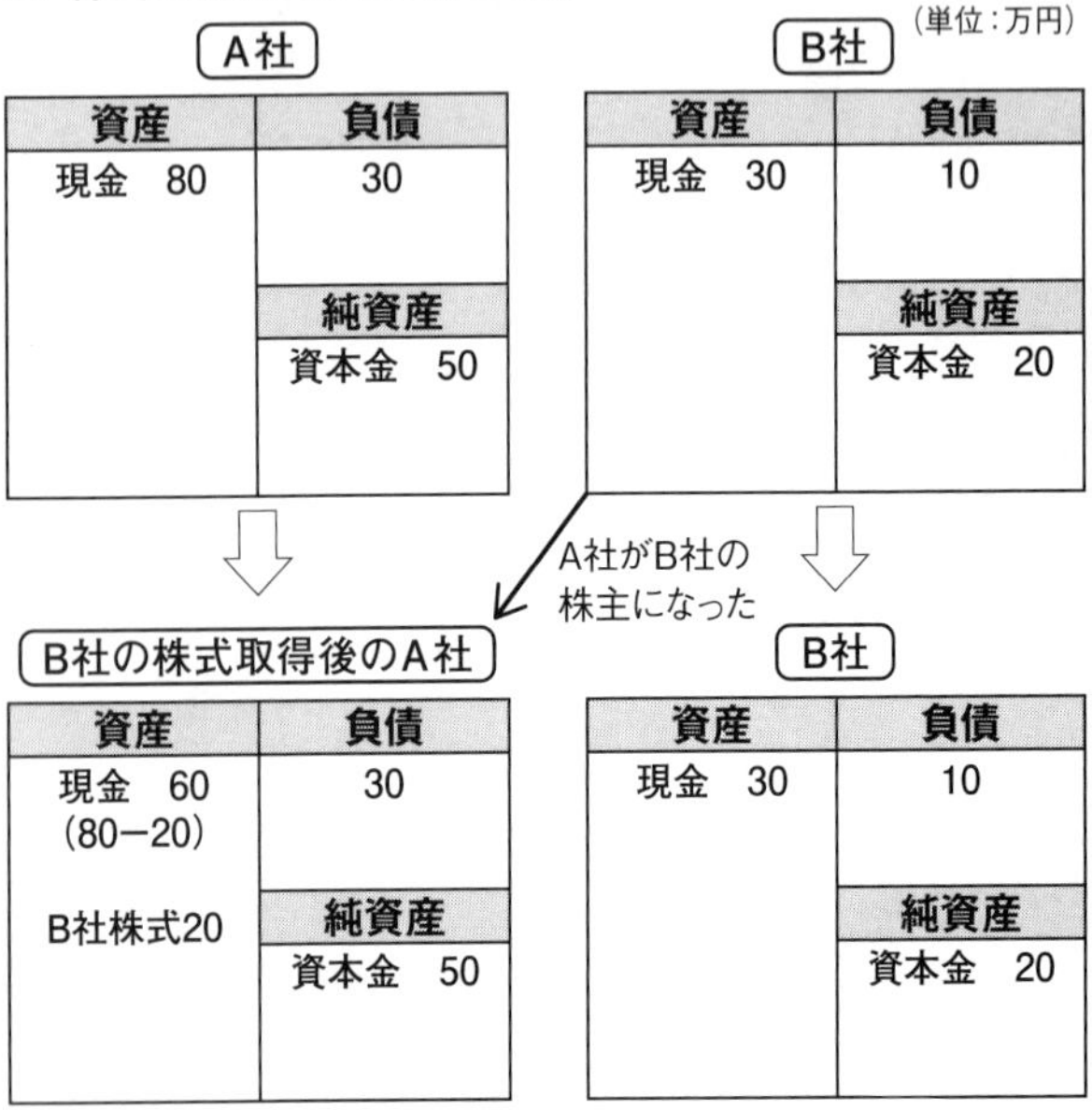

金から20万円が出ていき、代わりに取得したB社の株式が、A社の固定資産にB社の株式として20万円計上されます。第2章で勉強してきた通りです。もちろん、B社としては株主が変わっただけで何も変わらず会社として存続します。

② 「のれん」の処理

A社がB社を吸収合併する場合に、B社の戦略

図表 4-1　**合併と買収**

1. 吸収合併の場合

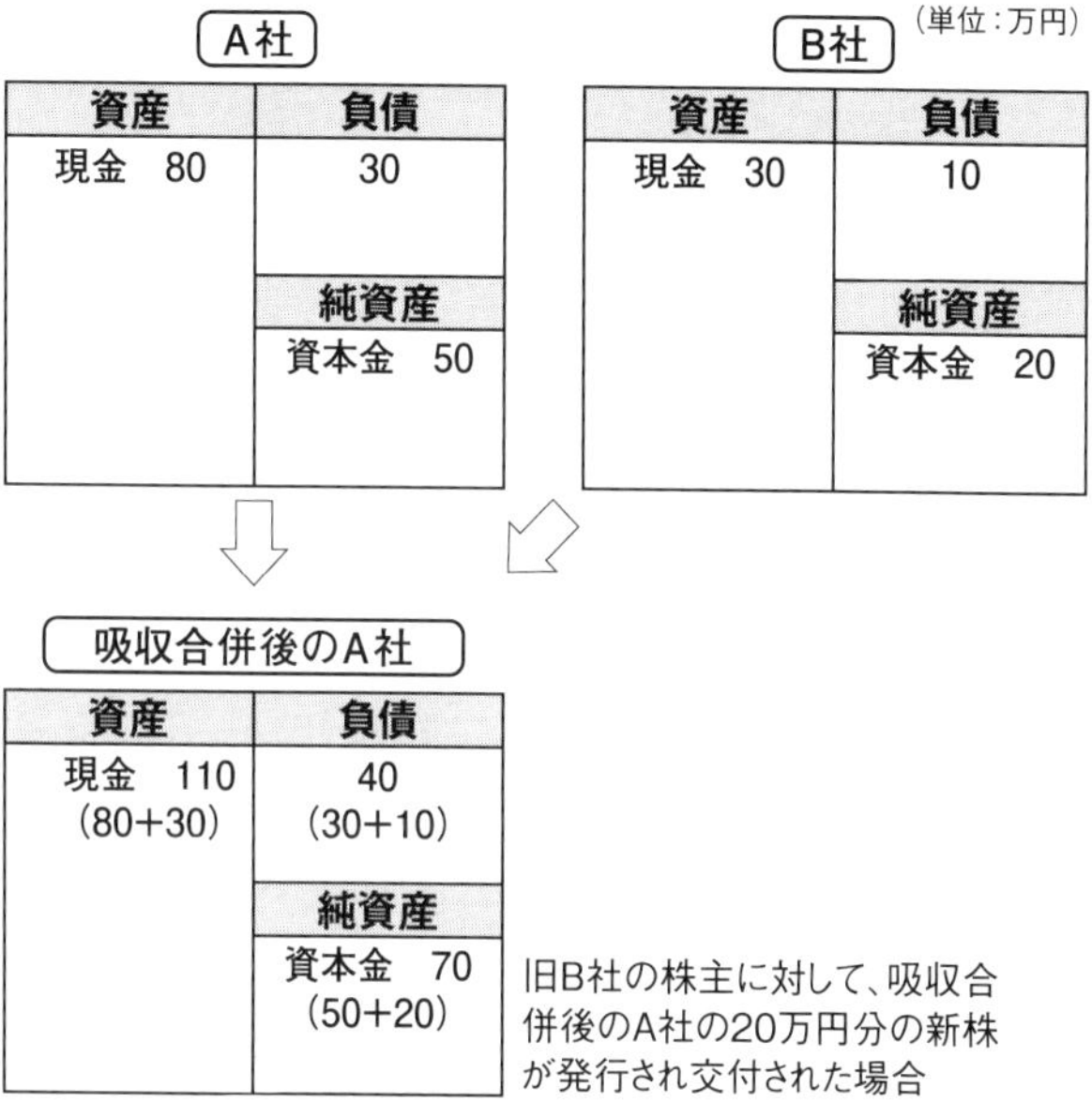

（単位：万円）

A社	
資産	負債
現金　80	30
	純資産
	資本金　50

B社	
資産	負債
現金　30	10
	純資産
	資本金　20

吸収合併後のA社	
資産	負債
現金　110 （80+30）	40 （30+10）
	純資産
	資本金　70 （50+20）

旧B社の株主に対して、吸収合併後のA社の20万円分の新株が発行され交付された場合

上の価値が著しく高いため、Ｂ社の純資産の時価より高い値段で買収することがよくあります。Ｂ社が優良な技術を持っていたり、重要な顧客情報を持っていたり、はたまた合併したらシナジーが生まれたりする場合です。さらには、Ｂ社が業界内の別のＣ社に買収されたら、業界内の構図がガラッと変わってしまうため、高いお金を支払ってでも

吸収しておきたいということが起こります。

例えば、B社の資本金の額の2倍の価値、つまり40万円でB社を吸収合併することになったとしたらどうでしょう。B社の純資産（資産30万円、負債10万円の差額）の時価は簿価と同じ20万円であると仮定します。図表4－2をご覧ください。

資産の現金と負債はA社とB社のものをそのまま足し合わせるだけです。吸収合併後のA社の資産は現金が110万円（＝80万円＋30万円）、負債は40万円（＝30万円＋10万円）になります。

B社はA社に吸収されてなくなります。元B社の株主はB社の20万円の価値の株式を持っていましたが、それを2倍の40万円で買収するということですから、元B社の株主には吸収合併後のA社の40万円分の株式を発行して交付します。するとA社の資本金は90万円（＝50万円＋40万円）になります。

A社の現金は110万円で、A社の負債と資本金を足すと130万円（＝負債40万円＋資本金90万円）になります。このままではBSの左右が一致しません。このような取引が行われたときに、BSの左側の無形固定資産のところに、「のれん」として20万円

図表4-2 「のれん」が発生する吸収合併の処理

（単位：万円）

A社

資産	負債
現金　80	30
	純資産
	資本金　50

B社

資産	負債
現金　30	10
	純資産
	資本金　20

吸収合併後のA社

資産	負債
現金　110 （80+30）	40 （30+10）
	純資産
のれん　20	資本金　90 （50+40）

旧B社の株主に対して、吸収合併後のA社の40万円分の新株が発行され交付された場合

が計上されます。以前は「営業権」と呼ばれていたものです。

　具体的なモノとしての形やノウハウがあるわけではなく、ただ買収のときに相手の純資産（この例では資本金）以上に支払った額が、固定資産に計上されるという理屈はわかりにくいかもしれません。これは『新版財務3表一体理解法』の第2章の創立費の処理のところで、創立費を繰延資産と

して資産計上したときと同じように考えてください。

B社の買収は、この期だけでなく将来にわたってその効果が表れてきます。したがって、買収のために過分に支払った額は固定資産に計上し、それを将来の一定期間にわたって償却していく手法を採るのです。「のれん」を、発生時に特別損失として計上して一時償却することは、日本では原則的には認められていません。20年以内にその効果が及ぶ期間の範囲で規則的に償却することになっています（ただし、重要性が乏しい場合や、逆に多額のプレミアムが支払われ、その期に減損の兆候がある場合などに、異なる処理が行われることがあります）。

ちなみに、米国会計基準や国際会計基準と日本の会計基準との違いに関して、私たち会計の専門家ではない人間も認識しておくべきなのが、この「のれん」の処理です。最近、グローバルに活動する大企業が、国際会計基準を採用する例が多くなっています。国際会計基準を採用するひとつの理由が、この「のれん」の処理の違いです。例えば、国際会計基準では、日本のような規則的な償却は行わないので、償却費用が発生しません。さらに、減損テスト[*3]をして、減損の兆候がなければ減損損失としての費用計上もありません。なので、「のれん」が計上されるようなM&Aが頻繁に行われ、統合後の利益を悪化させたくないような企業は、国際会計基準を採用するのです。

さらに言えば、最近の「のれん」の話題は、連結対象会社の連結プロセスで生じる「のれん」を指しているケースが多いと言えます。近年のM&Aにおいては、合併よりも、株式交換や株式移転（131ページ参照）によるグループ化という形をとることが多いと言えます。

最近話題になる「のれん」とは、簡単に言うと、親会社が子会社の株式を時価より高い値段で購入した場合、親会社における子会社の株式簿価（時価より高い購入価額）が、子会社の時価純資産を上回るため、連結消去をするとその差額が「のれん」になるというものなのです。なお、連結については第5章で詳しく説明します。

＊3　「減損テスト」とは、「のれん」が生み出す将来のキャッシュフローの総額（回収可能価額）と「のれん」の帳簿価額を比較することを言います。

図表4-3　**会社分割**

（単位：万円）

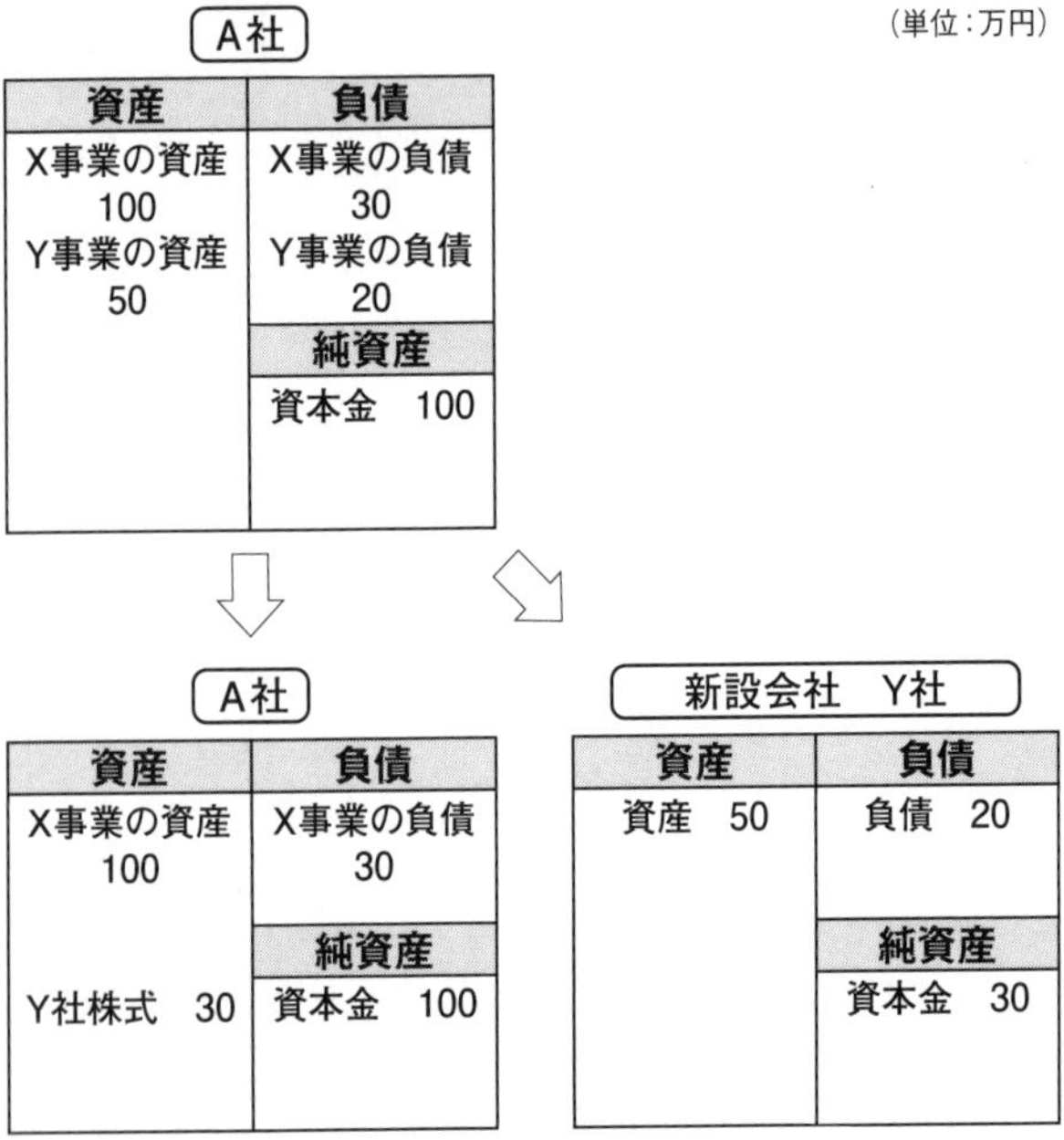

資産	負債
X事業の資産 100	X事業の負債 30
Y事業の資産 50	Y事業の負債 20
	純資産
	資本金　100

資産	負債
X事業の資産 100	X事業の負債 30
	純資産
Y社株式　30	資本金　100

資産	負債
資産　50	負債　20
	純資産
	資本金　30

③会社分割

会社分割とは、会社の事業の一部または全部を他の会社に承継させるものです。新しい会社を設立して承継させる新設分割と、既存の他の会社に承継させる吸収分割があります。

図表4－3は新設分割の例ですが、吸収分割も考え方は同じです。

A社はX事業とY事業

の2つの事業を運営しているとします。X事業に関する資産は100万円でY事業に関する資産は50万円、X事業に関する負債は30万円でY事業に関する負債は20万円だとします（以上の金額（帳簿価額）と時価は一致するとします）。A社の資本金は100万円です。

このY事業を分割して、新設のY会社を設立したのが図表4－3の下側の図です。新設会社Y社はA社のY事業ですから、資産は50万円で負債は20万円になります。したがって、純資産（この例では資本金）は30万円になります。A社にはX事業だけが残りますので、A社の資産はまずX事業の100万円です。負債はX事業の負債の30万円が残ります。資本金は変わらず100万円です。A社はY会社の株式30万円を保有することになりますから、これがA社の資産として計上されます。これでBSの左右がバランスします。

④株式交換・株式移転

株式交換・株式移転は、独占禁止法の改正により持株会社（Holding company）の設立が可能になったために生まれた制度です。

図表 4-4　株式交換の概念図

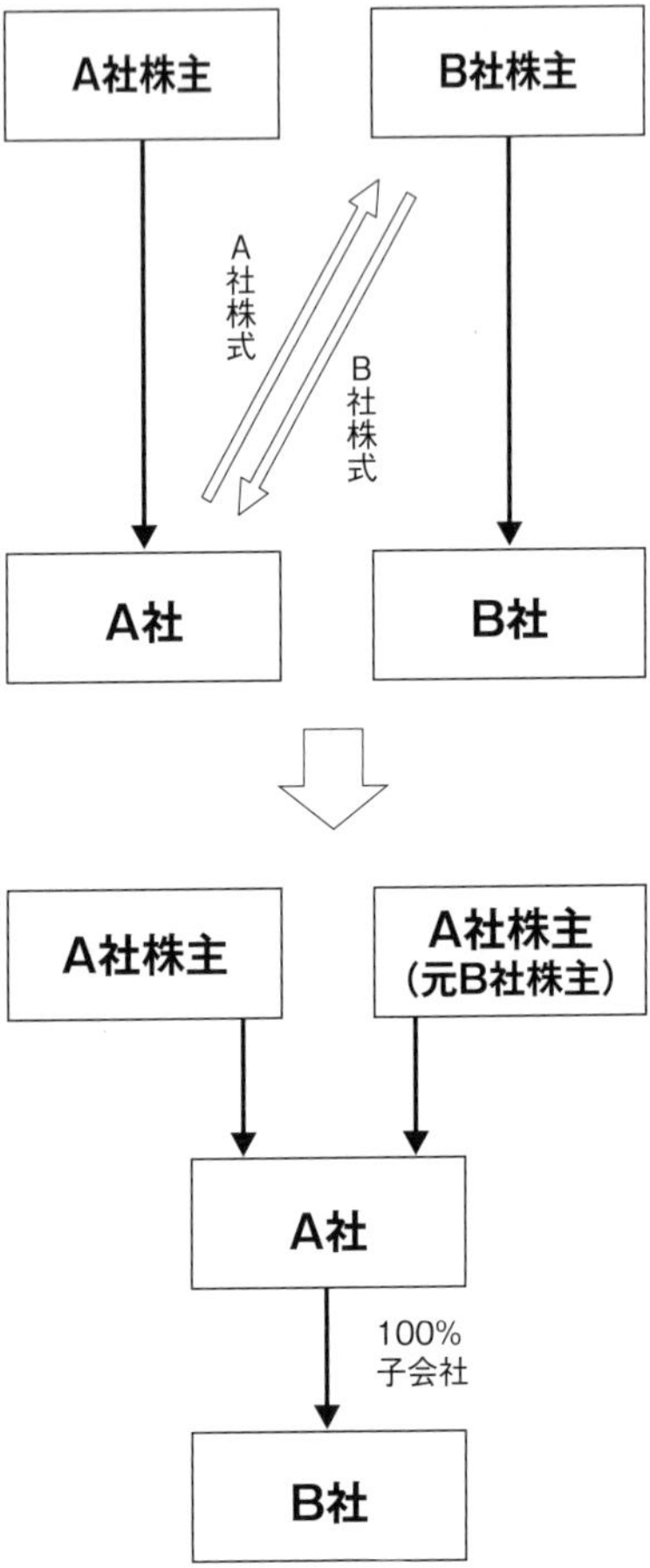

株式交換の概念図は図表４－４の通りです。Ｂ社の株主は、Ｂ社の株式とＡ社の株式を交換します。元Ｂ社の株主はＡ社の株主となり、Ｂ社はＡ社の完全子会社になります。

これをＢＳで表したのが図表４－５です。株式交換によって株式交換後のＡ社のＢＳの左側にはＢ社株式が20万円計上されています（図表４－５の左下の図）。この20万円の

図表4-5　株式交換におけるBSの変化

（単位：万円）

株式交換前のA社

資産	負債
現金　80	30
	純資産
	資本金　50

株式交換前のB社

資産	負債
現金　30	10
	純資産
	資本金　20

⇩

株式交換後のA社

資産	負債
現金　80	30
	純資産
B社株式　20	資本金　70 (50+20)

株式交換後のB社

資産	負債
現金　30	10
	純資産
	資本金　20

株式と同等のA社株式を発行して元B社の株主に交付するわけですから、株式交換後のA社の資本金は20万円増えて70万円になっています。

一方、B社のBSは株式交換前と株式交換後で何も変わりません。株式交換前の株主はB社の株主だったのが、株式交換によってB社の株主がA社に変わっただけです。

次は株式移転です。株式

移転の概念図は図表4－6の通りです。A社の株主は新設のC社にA社の株式を移転すると同時に、同額のC社の株式をC社から交付してもらいます。B社も同様です。このことにより、C社がA社とB社の持株会社になるわけです。

株式移転によるBSの変化を表したのが次のページの図表4－7です。A社とB社のBSは、株式移転の前後で何も変わりません。株式移転で両社の株主がC社になるだけです。

C社は、仮に資本金10万円で設立し、資産は現金で10万円を持っているとします。株式移転により、C社のBSの左側にはA社の株式50万円とB社の株式20万円が計上されています。これと同額のC社の株式を元A社の株主と元B社の株主にそれぞれ交付したわけですから、C社の資本金は元あった10万円と合わせて80万円（＝10万円＋50万円＋20万円）になっています。

ここまで説明してくると、現実的には株式の交換比率や移転比率はどうやって決めるのだろうかという疑問がわいてきている人がいると思います。前述の「のれん」においても、吸収される会社の事業価値はどのように算出されるのでしょうか。上場している

図表 4-6　**株式移転の概念図**

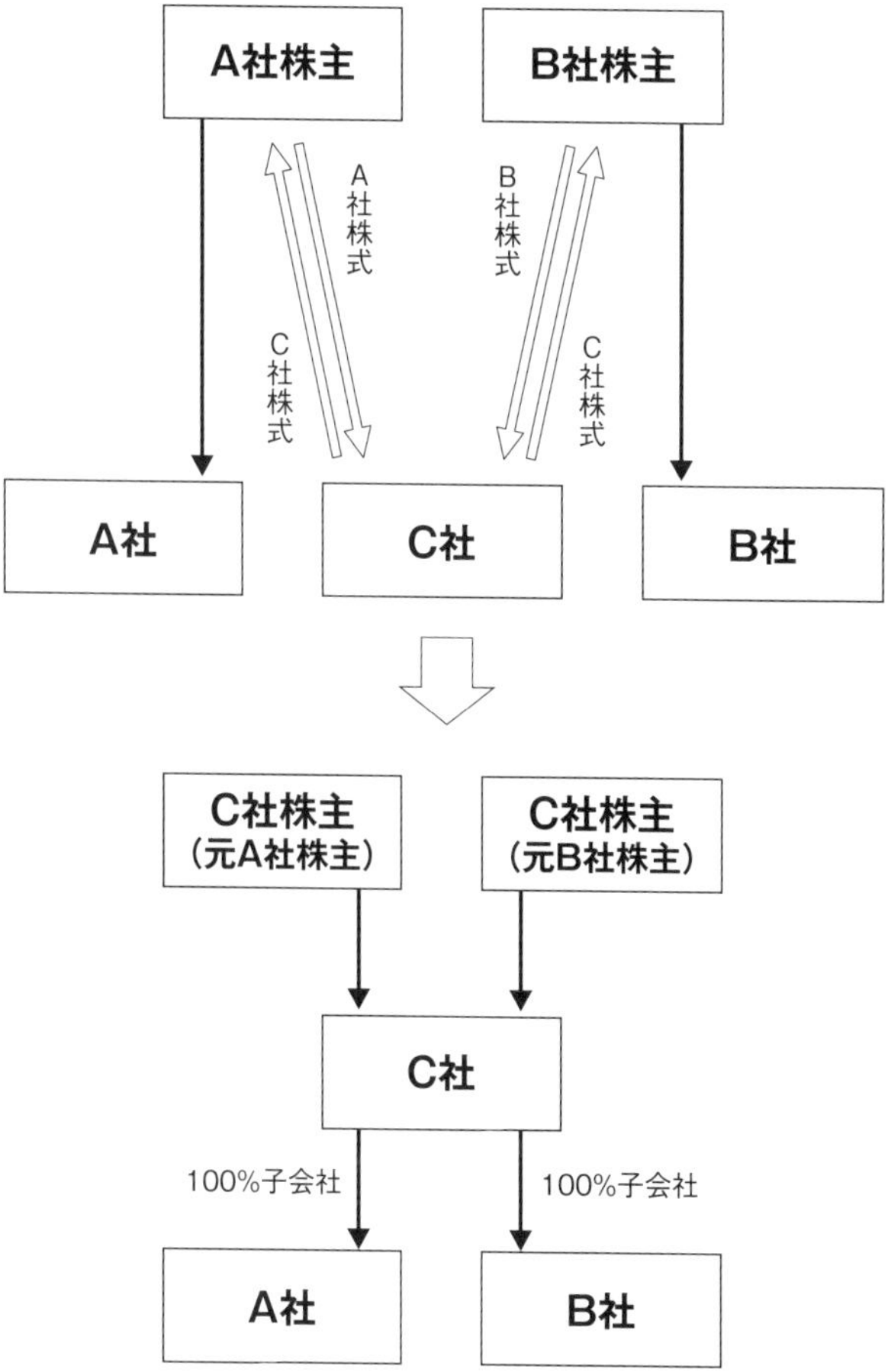

会社であれば、株価が企業価値を算出する重要な数字になります。では、非上場の会社や、会社の一部の事業部門の価値はどう算定すればよいのでしょうか。

事業価値の算定にはいくつもの方法があります。BSから資産価値を算定する方法もありますし、過去に行われたM&Aの類似案件と比較して算定する方法もあります。ただ、第2章の減損会計のところでも説明したように、会社や事業の価値の算定も、その会社や事業が将来生み出すキャッシュフローをベースに算定する方法が基本になっています。そして、実際の事業価値の算定は、いくつかの手法を複合的に使って検討していきます。

しかし、誰もが納得する完全に合理的な事業価値の算定方法などというものはありません。会社や事業の

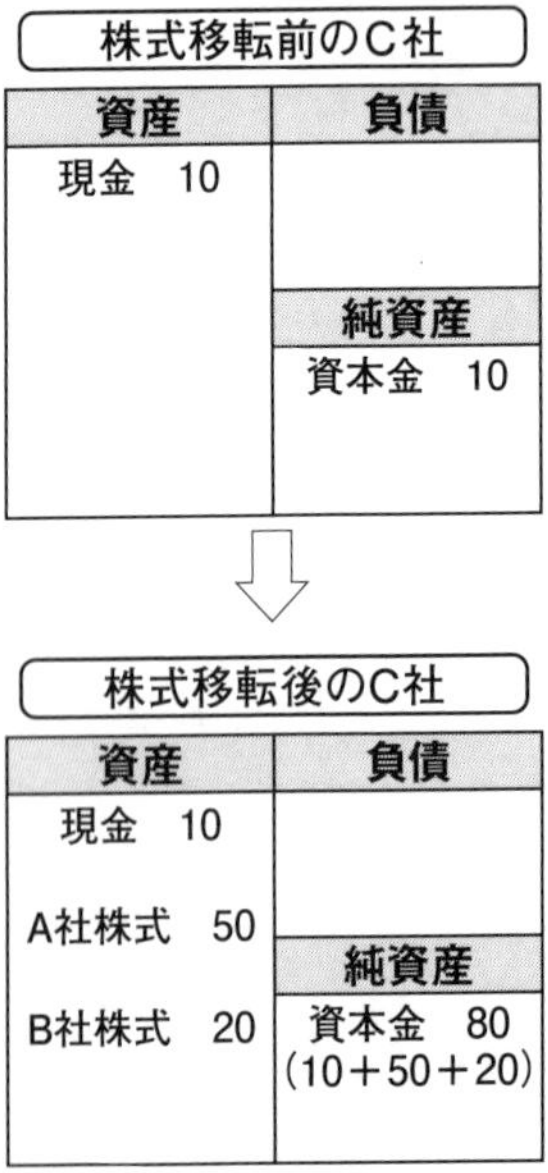

株式移転前のC社

資産	負債
現金　10	
	純資産
	資本金　10

株式移転後のC社

資産	負債
現金　10	
A社株式　50	
	純資産
B社株式　20	資本金　80 （10＋50＋20）

図表 4-7　**株式移転におけるBSの変化**

（単位：万円）

株式移転前のA社

資産	負債
現金　80	30
	純資産
	資本金　50

株式移転前のB社

資産	負債
現金　30	10
	純資産
	資本金　20

⇩

株式移転後のA社

資産	負債
現金　80	30
	純資産
	資本金　50

株式移転後のB社

資産	負債
現金　30	10
	純資産
	資本金　20

売買価格の最終的な決定は、関係する会社の責任者同士の交渉によって行われるのです。

⑤新株予約権

「新株予約権」とは、株式会社に対して行使すれば、その会社の株式の交付を受けることができる権利です。通常、新株予約権の発行時に、新株予約権の「発行価額」（払込金額）、株式を購入するときの「行使価額」

（権利行使価額）、「行使できる期間」などが定められています。新株予約権は、頑張った社員に報いるための「ストック・オプション」の制度などで活用されます。

図表４－８の上側の図をご覧ください。発行価額５万円、権利行使価額45万円の新株予約権が発行される場合、発行時には発行価額５万円が、権利者から会社に現金として入ってきて、ＢＳの右側では純資産の部に新株予約権として５万円が計上されます。

図表４－８の下側が権利行使時です。権利行使時には、権利者から行使価額45万円が現金として会社に入ってきます。権利者には会社の株式を渡しますので、ＢＳの右側では新株予約権の発行価額５万円と行使価額45万円の合計50万円が新たな資本金として加わります。

従業員へのストック・オプションとして新株予約権が発行され、その行使期間内に、例えばこの会社の株価が市場で１００万円になっていたとしたら、新株予約権を持っている従業員は利益を得ることができます。

行使期間内なら45万円で株を取得できます。その株をすぐに市場で１００万円で売却したとします。取得額は、新株予約権発行時の５万円と行使時の45万円の合計50万円な

図表 4-8　**新株予約権の処理**

1. 新株予約権発行時　　（単位：万円）

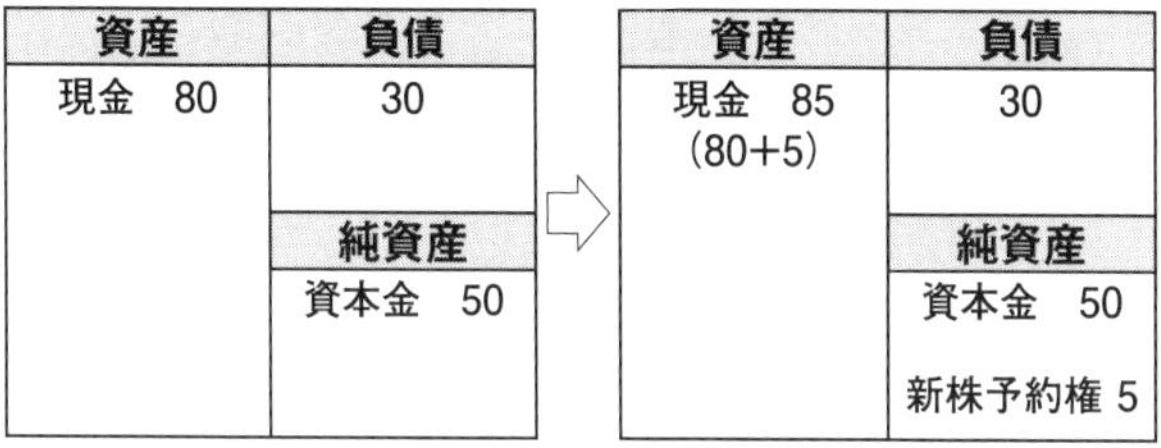

2. 権利行使時

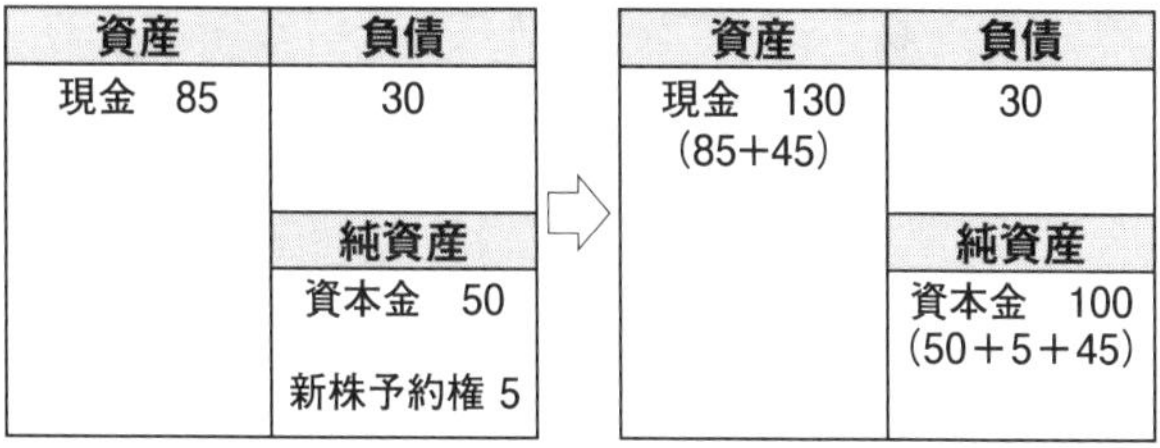

ので、差引50万円の利益が出ることになります（証券会社などに払う手数料などは無視しています）。

⑥債権放棄と債務免除益

借入金の負担が大きく、このままでは会社が立ち行かなくなる危険性がある場合、会社は銀行などの債権者に借金の棒引き、つまり債権放棄を要請することがあります。債権者にしてみれば、そのまま会社が倒産してしまうよりは、

図表 4-9　**債権放棄と債務免除益**

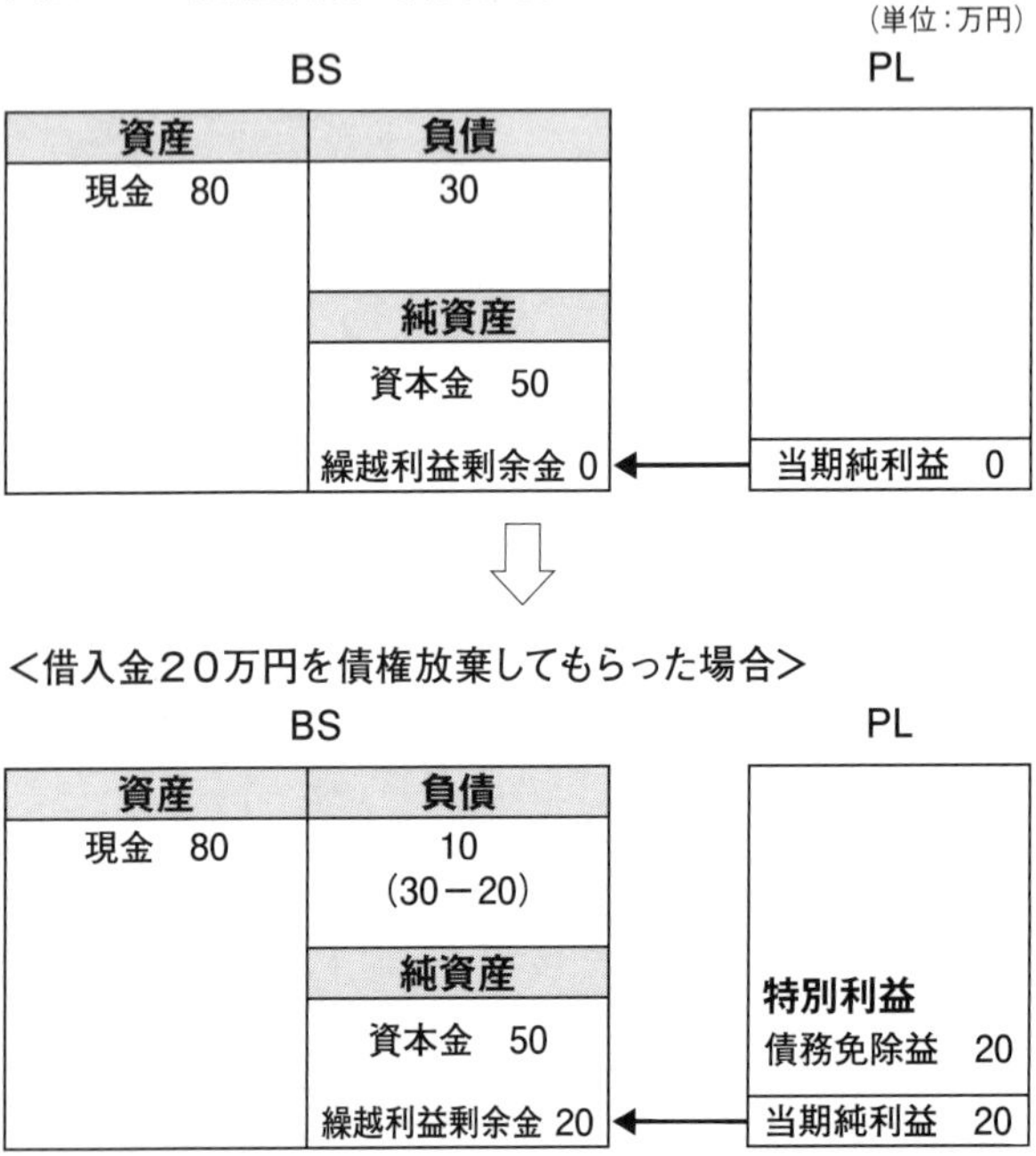

一部の債務を免除して事業を再生してもらった方が、将来的にメリットがある場合もあります。

　ただし、債権を放棄してもらうと、BSの負担が軽くなるのはありがたいのですが、放棄してもらった額が「債務免除益」としてPLに計上されます。そうです。借金を棒引きしてもらうと、そのせいで利益が押し上げられるのです。下手をすると、せっかく債権放棄をしてもらったのに、債務免除益のせいで、莫大な税金を支払うことにもなりかねません。

図表4－9をご覧ください。20万円の債務を免除（銀行側から言えば20万円の債権放棄）してもらった例です。負債の20万円がなくなったので、BSの右側の負債が20万円少なくなります。その分は、PLに同額の債務免除益が計上されるので、それが当期純利益を20万円押し上げ、それがBSへとつながり、BSがバランスします。

事業再生計画を作るときには、債権放棄をしてもらうと債務免除益が立つことを前提に、計上できる費用を予め検討しておくなど、税金対策も一緒に考えておかなければならないのです。この課税を回避して、借金を減らす方法にDESがあります。

⑦DES（デット・エクイティ・スワップ）

DES（デット・エクイティ・スワップ）とは、Debt（債務）とEquity（資本）をSwap（交換）することです。なので、DESは「債務の株式化」と呼ばれています。文字通り、債務を株式に変換してしまう手法で、事業再生でよく使われます。

お金を貸している債権者側から見れば、債権を株式に転換してしまうと、利息収入や元金返済分のお金が入ってこなくなるので何もいいことはありません。ただし、債権が株式という形に変わって残るので、すべてを棒引きしてしまう債権放棄よりはマシです。仮に、その会社が再生すれば、配当を受け取ったり、株式を売却して利益をあげたりすることもできます。一方、債務者側から見れば、利息の支払いと元金返済の義務がなくなるので、事業の再建がやりやすくなります。

DESによって、負債20万円を株式に交換した例を見てみましょう。図表4-10です。A社が債務者（お金を借りている方）、B社が債権者（お金を貸している方）で、B社がA社に対して20万円の貸付をしているとします。A社の負債の30万円のうちの20万円が、B社からの借入金です。

これをDESで株式化すると、図表4-10の下側の図のようになります。A社の方では、負債が30万円から10万円に減り、資本金が50万円から70万円に増えます。B社の方は、A社への貸付金がA社の株式に変わります。

図表 4-10 **DES(デット・エクイティ・スワップ)**

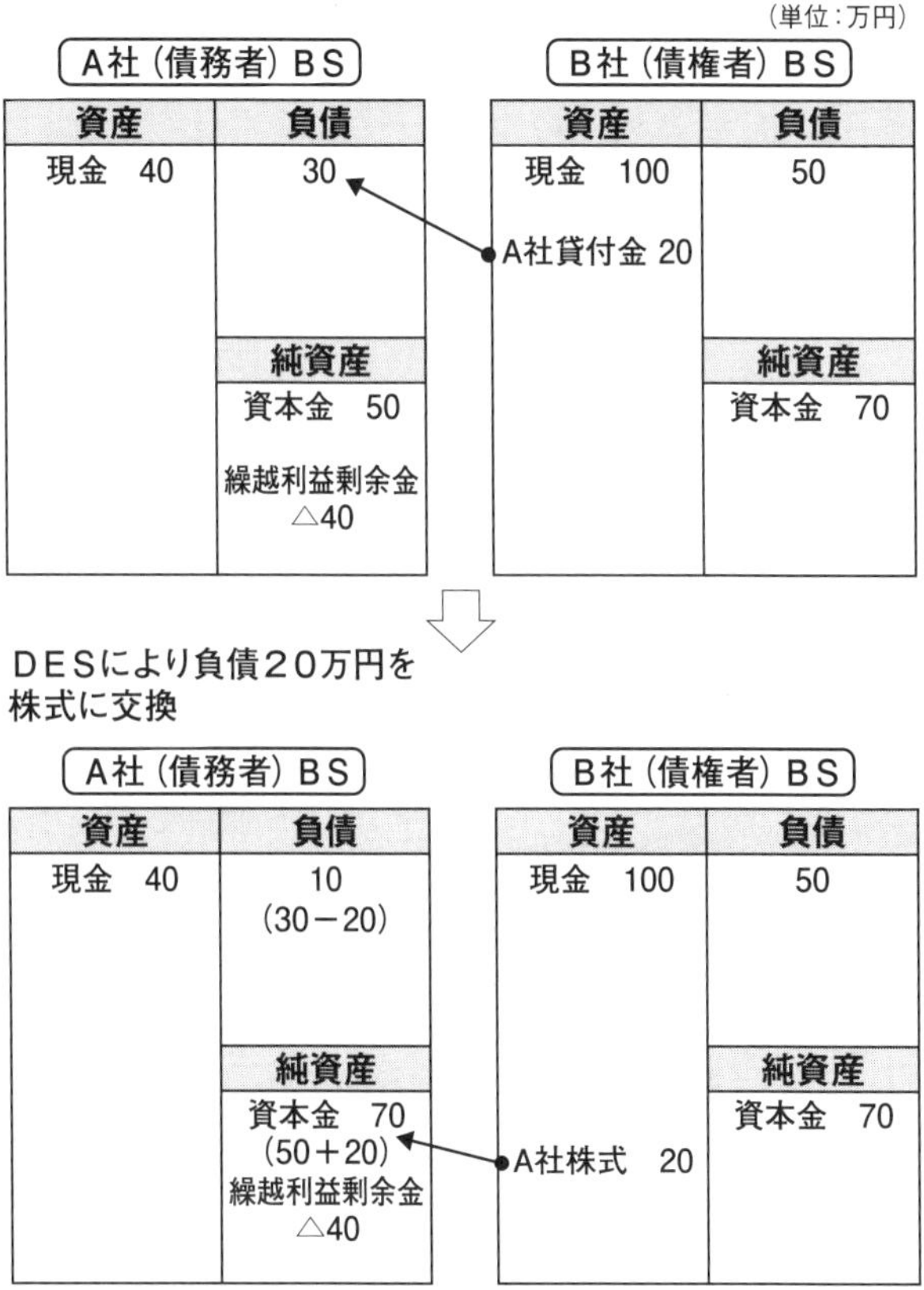

⑧有償減資と無償減資

増資とは資本金を増やすことですが、減資はその逆で資本金を減らすことを言います。減資には、株主に金銭の払い戻しをする「有償減資」と、株主に金銭の払い戻しをしない「無償減資」の2つがあります。

有償減資は、会社の事業規模を縮小させたい場合などに行われます。会社としては「株主からたくさんのお金を預かっていても、それを有効に使って利益を増やすことが難しいので、過剰資本は株主に返しますので、どこか違うところで運用してください」といったような場合です。

107ページで説明した通り、減資をすればその額がいったん「その他資本剰余金」へ振替えられ、それが資本剰余金からの配当として、株主に払い戻されるのです。40万円の有償減資が行われる場合、BSの変化から言えば、資本金が40万円減り、同時に「その他資本剰余金」が40万円増え、次に40万円を配当したときに、BSの左側の現金40万円が減り、BSの右側では「その他資本剰余金」40万円がなくなるという順番にな

図表 4-11 **有償減資と無償減資**

1. 有償減資

（単位：万円）

資産	負債
現金 130	50
	純資産
	資本金 80

⇨

資産	負債
現金 90（130−40）	50
	純資産
	資本金 40

2. 無償減資

資産	負債
現金 90	50
	純資産
	資本金 80
	繰越利益剰余金 △40

⇨

資産	負債
現金 90	50
	純資産
	資本金 40
	繰越利益剰余金 0

ります。結果的に図表4-11の上側の図のようになります。

さらに正しく言えば、もし資本準備金が積み上がっていなければ、「その他資本剰余金」から配当した額の10分の1を資本準備金として積み立てなければならないのですが、話を簡単にするためにここではそれを無視しています。

一方、無償減資は金銭

の払い戻しをせずに減資します。資本金が減少した分は「その他資本剰余金」へ振替えられます。会社に欠損がある場合などにこの無償減資を行えば、「その他資本剰余金」に入ってきた金額と欠損を相殺して、欠損を解消して会社を健全化できるのです。

前のページの図表4－11の下の図で、同じ40万円の額の無償減資の例を見てみましょう。無償減資は、資本金が40万円分減って、その減資差益と欠損（繰越利益剰余金のマイナス40万円）を相殺したケースです。無償減資では現金の動きはありません。

（2）事業再生の会計を実在する企業の例で理解する

ここからは実在する企業の例を使って、事業再生の会計について説明していきます。ただ、ここからの説明では『新版　財務3表図解分析法』で使った図表が出てきます。具体的な事業再生に係る会計の事例説明に入る前に、『新版　財務3表図解分析法』のエッセンスを簡単に説明しておきます。

『新版　財務3表図解分析法』における図解分析のエッセンスについては『新版　財務3

表一体理解法』の附章でも説明しましたので、すでに『新版 財務3表一体理解法』や『新版 財務3表図解分析法』をお読みの方は、151ページの「②三菱自動車の無償減資による欠損てん補」から読み進めていただいても構いません。

①『新版 財務3表図解分析法』のエッセンス

『新版 財務3表図解分析法』のエッセンスは、書名が示すようにPLとBSを図にしたことです。24ページの図表1－1で説明したように、財務諸表に表されているのはすべての企業に共通する お金を集める → 投資する → 利益をあげる という3つの活動です。

次のページの図表4－12はPLとBSの数字の大きさが図の大きさでわかるように作図したものです。すべての企業に共通する3つの活動のうち、お金を集める がBSの右側に、投資する がBSの左側に、そして 利益をあげる がPLに、それぞれ表されています。

実は、この図こそが資本主義社会の事業の仕組みを表しているのです。資本主義社会

図表 4-12　**PLとBSを図にしてみる**

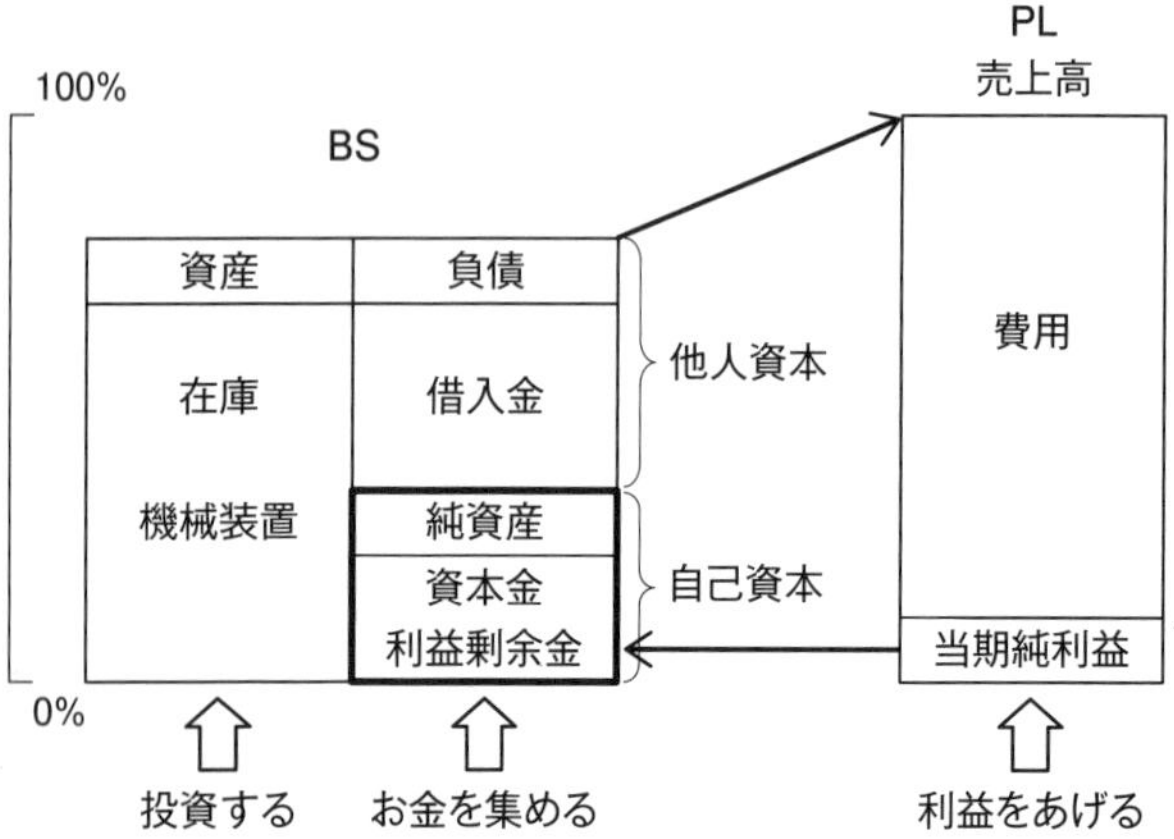

における事業は、株主の自己資本である資本金から始まります。それがＢＳの右下に表されています。もし、株主以外の人がお金を貸してくれれば他人資本としてお金が集まります。この自己資本と他人資本を使って資産を調達します。その調達された資産がＢＳの左側に表されています。そしてこの調達した資産を使って売上をあげます。その売上からすべての費用を差し引くと当期純利益が残ります。この当期純利益が利益剰余金としてＢＳに積み上がり、株主の自己資本を増やしていくのです。

このＰＬとＢＳを図にするという手法

を使って、実在する企業の財務諸表を図にしたのが次のページの図表4－13です。

この図で言えば、この図の中で一番大きい数字の売上高（2兆934億円）を100%として、総資本であろうが固定資産であろうが、すべての数字の大きさが図の大きさでわかるように、すべて同じ縮尺で図にしています。

ちなみに、BSの右側に「有利子負債」と書いてある点線の枠があるのは、読んで字のごとく「利子の有る負債」のことです。具体的に言えば、短期借入金、長期借入金、社債などです。BSの負債の部の中には買掛金、預かり金、未払法人税といった純粋な借金ではない負債も入っていますので、純粋な借金がどれくらいあるのかをBSの右側に抜き出して表記しているのです。

デジタルデータを図表4－13のようにアナログ化して図にすると、私たち会計の専門家ではない人間であっても、いろんなことが直感的にわかってきます。例えば、会社の金払いの良さを評価する場合に流動比率を計算することがあります。流動比率の計算式は流動資産÷流動負債です。1年以内に現金化される予定の流動資産と1年以内に返済しなければならない流動負債を比べているわけです。もちろん、流動資産より流動負債

図表 4-13

『新版 財務3表図解分析法』で使ったPLとBSの図の一例

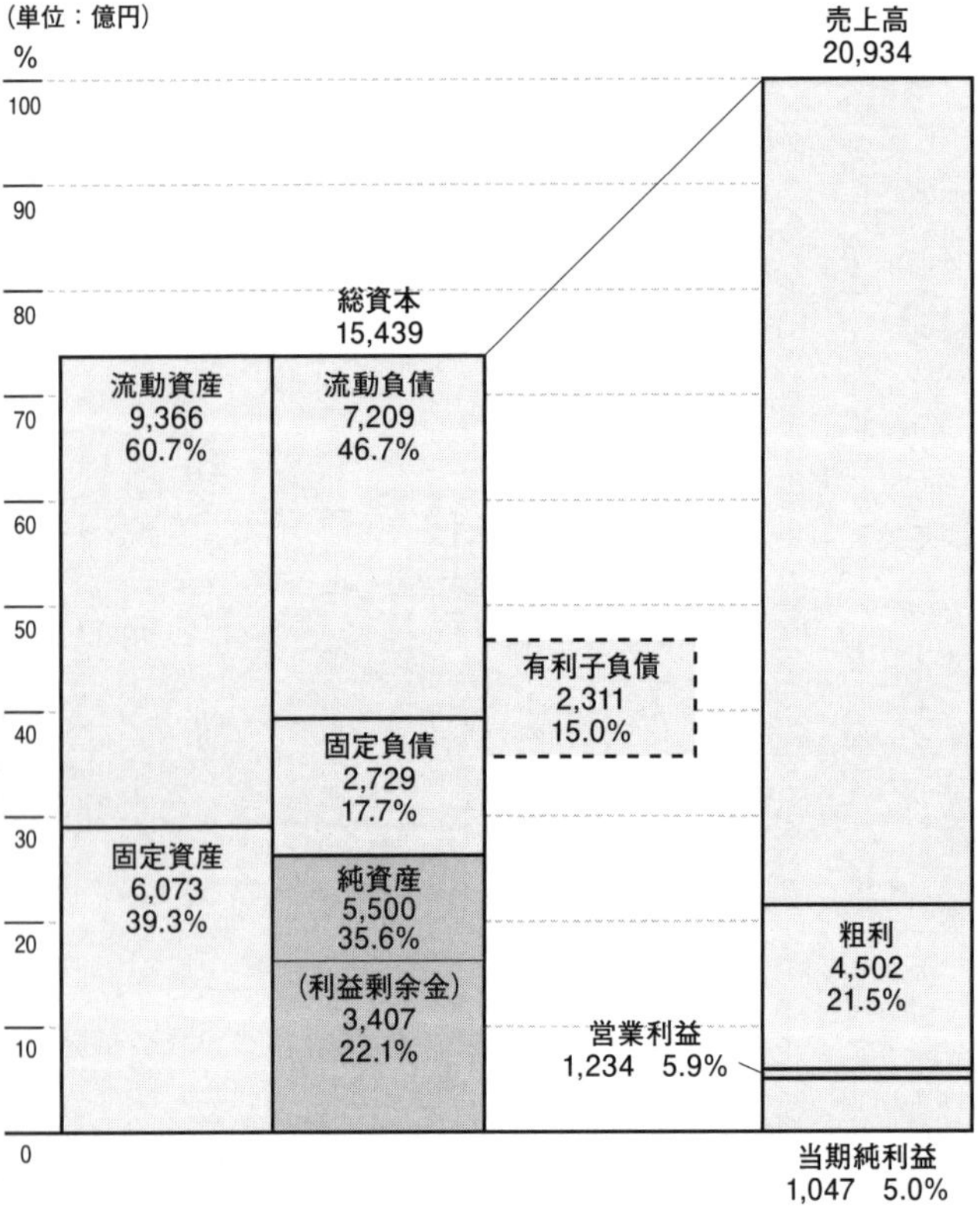

が少なければ金払いは良いことになります。その流動比率も、図を見ればどんな状況か一目でわかるわけです。

このように、ＰＬとＢＳの数字をすべて同じ縮尺で図にしたというのが『新版 財務3表図解分析法』のエッセンスなのです。この形式の図を使いながら、具体的な事業再生の会計について説明していきます。

②三菱自動車の無償減資による欠損てん補

次のページの図表４－14は三菱自動車の２００８年３月期と２０２０年３月期のＰＬとＢＳを同じ縮尺で比較したものです。

図を見てまず気になるのは、２００８年のＢＳの下が基準線の下に突き抜ける形になっていることではないかと思います。三菱自動車は２００８年当時７０２４億円のマイナスの利益剰余金がありました。利益剰余金がマイナスということは、過去の赤字が蓄積しているということです。

私が使っている作図ソフトが、マイナスの利益剰余金をＢＳの右側に抜き出すように

三菱自動車（2020年3月期）

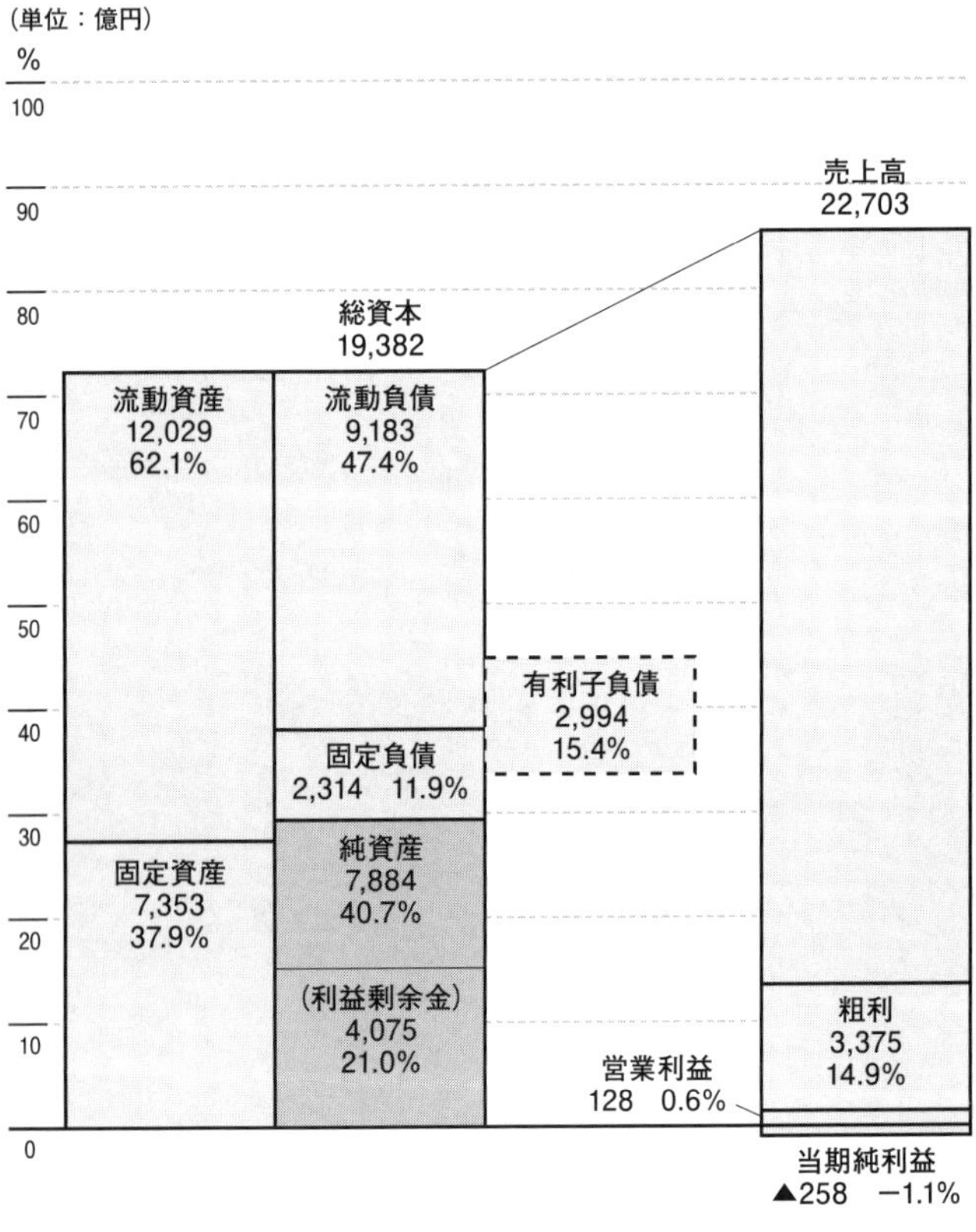

図表 4-14　三菱自動車の 2008 年と 2020 年の PL と BS

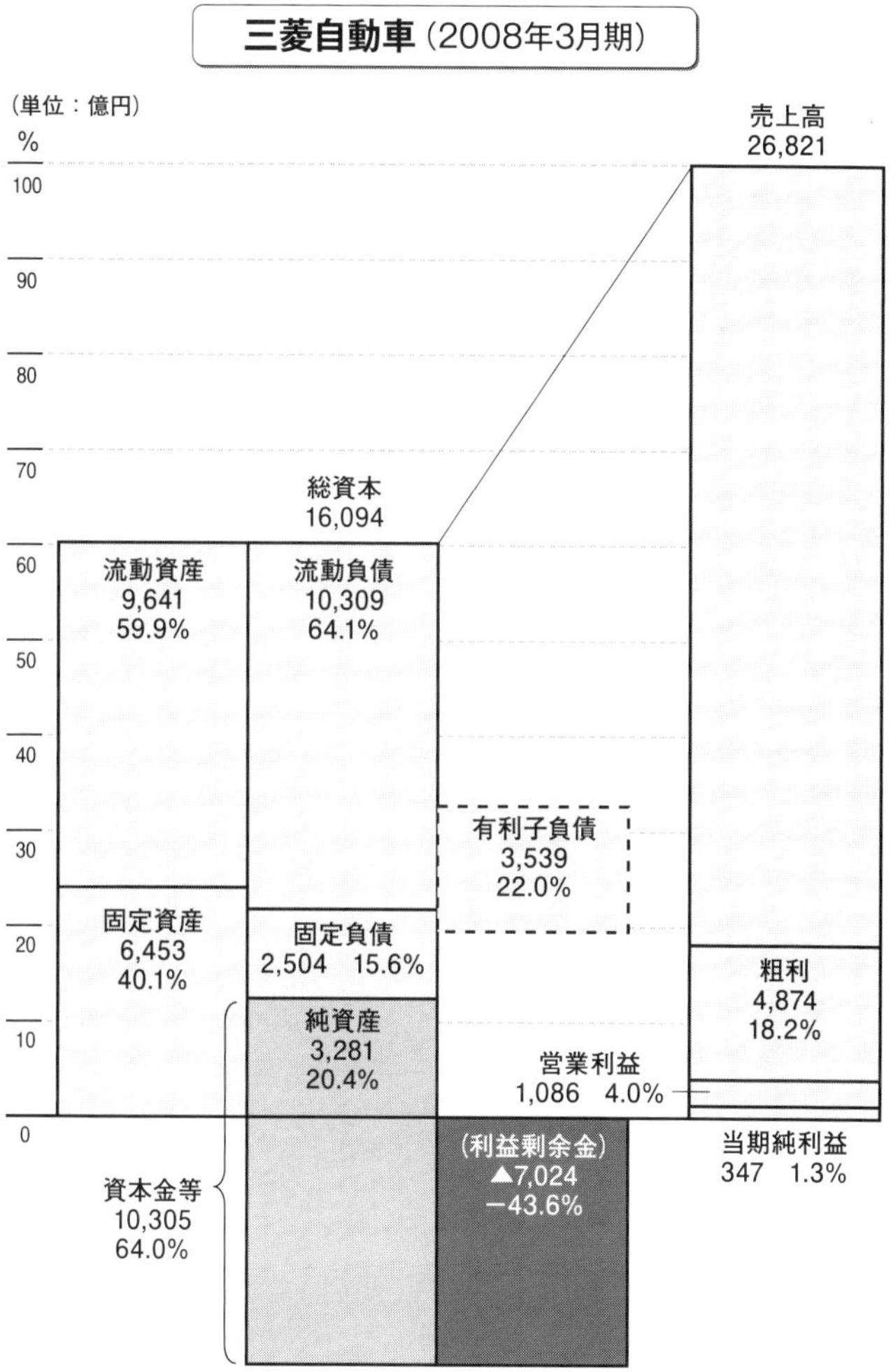

作図する設計になっているので、図表4－14の左側の図のBSはいびつな感じに思われるかもしれません。ただ、純資産の部の中の資本金等が1兆305億円であり、マイナスの利益剰余金が7024億円ですから、差し引きの純資産の部の合計は3281億円となり、BSの左右の合計は一致しています。BSの左右の合計は一致しているのですが、マイナスの利益剰余金があるのでBSの下に突き出たような図になっているのです。

三菱自動車は2008年当時7024億円のマイナスの利益剰余金がありましたが、2020年3月期には4075億円の利益剰余金が積み上がり、財務体質は良好な会社になっています。

しかし、これは三菱自動車が2008年から2020年まで利益を出し続けたから、マイナス7024億円の利益剰余金が4075億円のプラスの利益剰余金になったというわけではないのです。実は、三菱自動車の財務諸表は2013年から2014年にかけて大きく変化しています。特にBSの純資産の部に劇的な変化がありました。

次のページの図表4－15をご覧ください。この1年間で利益剰余金がマイナス6880億円からプラスの3407億円へ、約1兆円改善しているのです。こうなるには20

14年の当期純利益が約1兆円なければなりませんが、図表4－15の2014年3月期の当期純利益は1047億円しかありません。利益剰余金をマイナス6880億円からプラスの3407億円へ改善させるのに必要な額に比べ一桁少ない額です。

この年のBSの純資産の部に何が起こったかは、株主資本等変動計算書を見ればわかります。158・159ページの図表4－16は、三菱自動車の2014年3月期の株主資本等変動計算書の抜粋です。『新版　財務3表一体理解法』を含めて、これまで説明してきた純資産の部の知識や無償減資の知識があれば、これが何を物語っているかは簡単に理解できると思います。

左上の「当期首残高」のところから見ていきましょう。資本金が657355百万円（約6574億円）と資本剰余金が432666百万円（約4327億円）あります。合計すると約1兆円です。これが基本的に株主から注入されているお金に関係するものです。

その2行下を見てください。新株の発行で、資本金と資本剰余金に133375百万円（約1334億円）がそれぞれ入っています。つまり、新株の発行で、この2つの数

三菱自動車（2014年3月期）

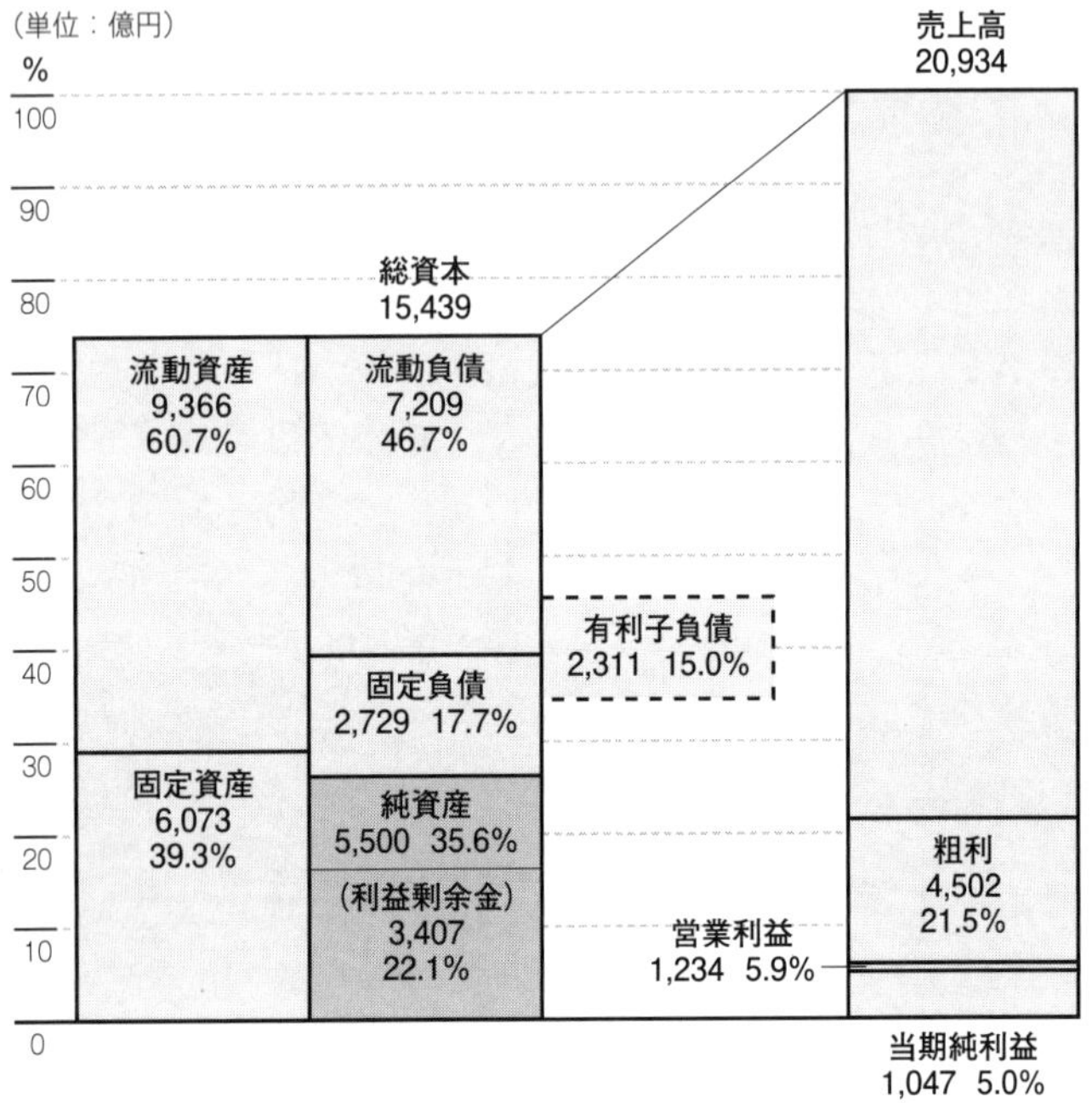
（単位：億円）
%
100
90
80
70
60
50
40
30
20
10
0
総資本
15,439
流動資産
9,366
60.7%
固定資産
6,073
39.3%
流動負債
7,209
46.7%
固定負債
2,729 17.7%
純資産
5,500 35.6%
（利益剰余金）
3,407
22.1%
有利子負債
2,311 15.0%
売上高
20,934
粗利
4,502
21.5%
営業利益
1,234 5.9%
当期純利益
1,047 5.0%

図表 4-15　三菱自動車の 2013 年と 2014 年の PL と BS

三菱自動車（2013年3月期）

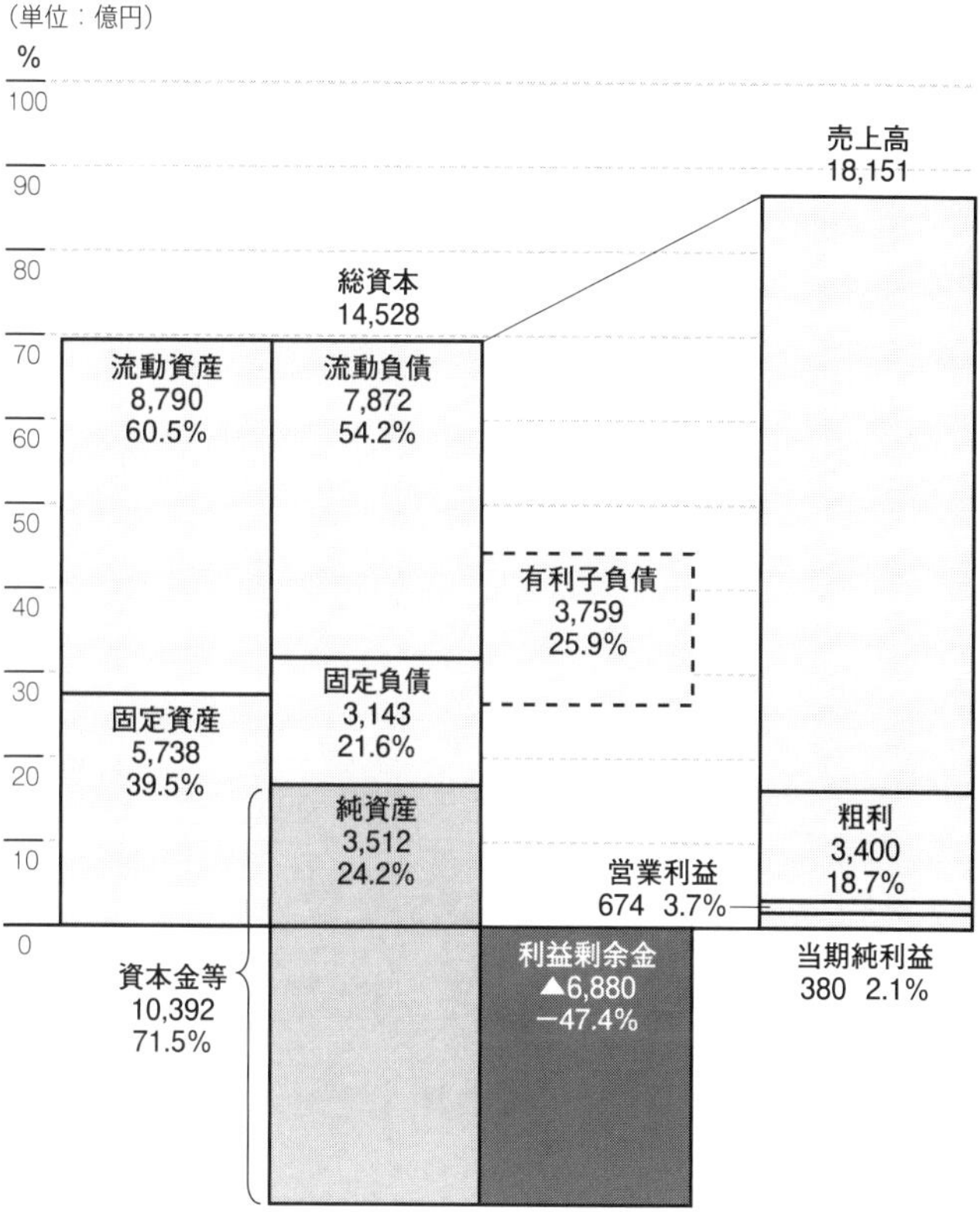

字の合計２６６７５０百万円（約２６６８億円）集められ、その半分が資本金に、残りが資本剰余金の中の資本準備金に繰り入れられたわけです。

さらにその２行下の実線の枠囲いのところを見てください。資本金６２５０２８百万円（約６２５０億円）が取り崩され、同額が資本剰余金に振替えられています。

その１行上の点線の枠囲いのところを見てください。「欠損填補」の行です。資本金から資本剰余金へ振替えられた６２５０２８百万円（約６２５０億円）を含めた、総額１兆円を超える資本剰余金の中から９２４１０２百万円（約９２４１億円）が取り崩さ

（単位：百万円）

自己株式	株主資本合計
△217	401,754
	266,750
	－
	－
	104,664
△181,711	△181,711
0	0
181,709	－
	△3
△2	189,699
△219	591,453

図表 4-16
三菱自動車の株主資本等変動計算書(2014年3月期)の抜粋

平成25年度（自　平成25年4月1日　至　平成26年3月31日）

	株主資本		
	資本金	資本剰余金	利益剰余金
当期首残高	657,355	432,666	△688,049
当期変動額			
新株の発行	133,375	133,375	
欠損填補		△924,102	924,102
資本金から剰余金への振替	△625,028	625,028	
当期純利益又は当期純損失（△）			104,664
自己株式の取得			
自己株式の処分		0	
自己株式の消却		△181,709	
持分法の適用範囲の変動			△3
株主資本以外の項目の当期変動額（純額）			
当期変動額合計	△491,653	△347,408	1,028,764
当期末残高	165,701	85,257	340,714

れて、利益剰余金へその額が移されています。これで、当期首にマイナス6880049百万円（約6880億円）だった欠損が、てん補されたわけです。

念の為に申し上げておきますが、以上の減資及び欠損てん補の処理で現金が動いているわけではありません。あくまでもBS上の数字の変動なのです。

さらにもう少し説明しておきましょう。表の真ん中あたりの「自己株式の取得」の行を見てください。マイナス181711百万円（約1817億円）と書かれています。自分の会社の株式を181711百万円（約1817億円）の現金で買い取ったわけです。この買い取った自己株式はどうなったか。その2行下の点線の枠囲いのところを見てください。「自己株式の消却」の行です。自己株式の消却分を資本剰余金から差し引いています。自己株式の消却の処理は、本書の114ページの「Coffee Break 2」で説明した通りです。

実はこの期の自己株式の取得は、優先株式の取得です。ちなみに、優先株式とは、普通株式に比べて配当などが優先される株式で、一般的には議決権がありませんし、株式市場で流通もしていません。優先株式は一般的には特定の第三者に割り当てて発行します。議決権のない優先株式の発行は、議決権比率を変動させることなく新株の発行により資金が調達できるというメリットがあります。

『新版 財務3表図解分析法』で、「三菱自動車は2004年から2008年の間に、三菱グループ3社（三菱重工、三菱商事、当時の東京三菱銀行）から総額7500億円規模の増資を受けています」と言いましたが、そのうちの約3800億円が三菱グループ3社の優先株式でした。

三菱自動車は2013年度に新株を発行して約2668億円のお金を集めてきて、そのお金で優先株式を買い取り、消却したのです。三菱グループ3社の優先株式は約3800億円と言いましたが、一部の優先株式は消却されずに普通株式に転換されたようです。

この当時、三菱自動車は毎年1千億円規模の当期純利益を稼ぎ出せるようになっていました。しかし、欠損状態にある場合は配当できません。三菱自動車は2014年に減資をして欠損状態を解消すると同時に、優先的に配当しなければならない優先株式を無くしてしまい、1999年3月期以降無配が続いていた普通株主に対して、配当ができ

図表 4-17　三菱自動車の財務CF（2016年3月期）の抜粋

（4）連結キャッシュ・フロー計算書

（単位：百万円）

	平成26年度 （自　平成26年4月1日 至　平成27年3月31日）	平成27年度 （自　平成27年4月1日 至　平成28年3月31日）
財務活動によるキャッシュ・フロー		
短期借入金の増減額（△は減少）	△41,573	△78,234
長期借入れによる収入	28,613	2,705
長期借入金の返済による支出	△83,064	△26,957
配当金の支払額	△31,746	△16,193
非支配株主への配当金の支払額	△507	△1,615
その他	△3,215	△2,621
財務活動によるキャッシュ・フロー	△131,494	△122,917

るようにしたのです。

実際に、この翌年から株主への配当が始まっています。それは株主資本等変動計算書を見ればわかりますし、キャッシュフロー計算書を見てもわかります。図表４－17は２０１６年３月期の財務諸表に記載されているＣＳの財務活動によるキャッシュフローです。２０１５年３月期（平成27年３月期）に３１７４６百万円（約３１７億円）、２０１６年３月期（平成28年３月期）に１６１９３百万円（約１６２億円）の配当金が支払われています。

このように、会社のＰＬとＢＳと株主資本等変動計算書を時系列的に見ていくと、事業再生のプロセスが浮かび上がってくるのです。

③シャープのDESと無償減資による欠損てん補

三菱自動車を例にとって実際の無償減資の例を説明しました。次はシャープを例にとってDESと無償減資による欠損てん補の実例をご説明します。

シャープは2016年に大きな話題になった会社です。シャープは業績不振で、台湾の大手電子部品メーカーの鴻海《ホンハイ》精密工業（以下「鴻海」）から出資を仰ぎ傘下に入りました。鴻海は、アップルのiPhoneの製造などを手掛ける、売上高20兆円規模の大企業です。

2009年に出版した『財務3表一体分析法「経営」がわかる決算書の読み方』でもシャープを分析しました。2000年代初頭のシャープは、液晶テレビが抜群の競争力を持っていました。営業利益率は5%程度で推移し、日本の電機メーカーの中ではトップレベルの営業利益率を誇る優良企業でした。

では、シャープの2008年3月期と、2016年4月に鴻海がシャープを買収した直前のシャープの2016年3月期を比較してみましょう。次のページの図表4－18で

シャープ（2016年3月期）

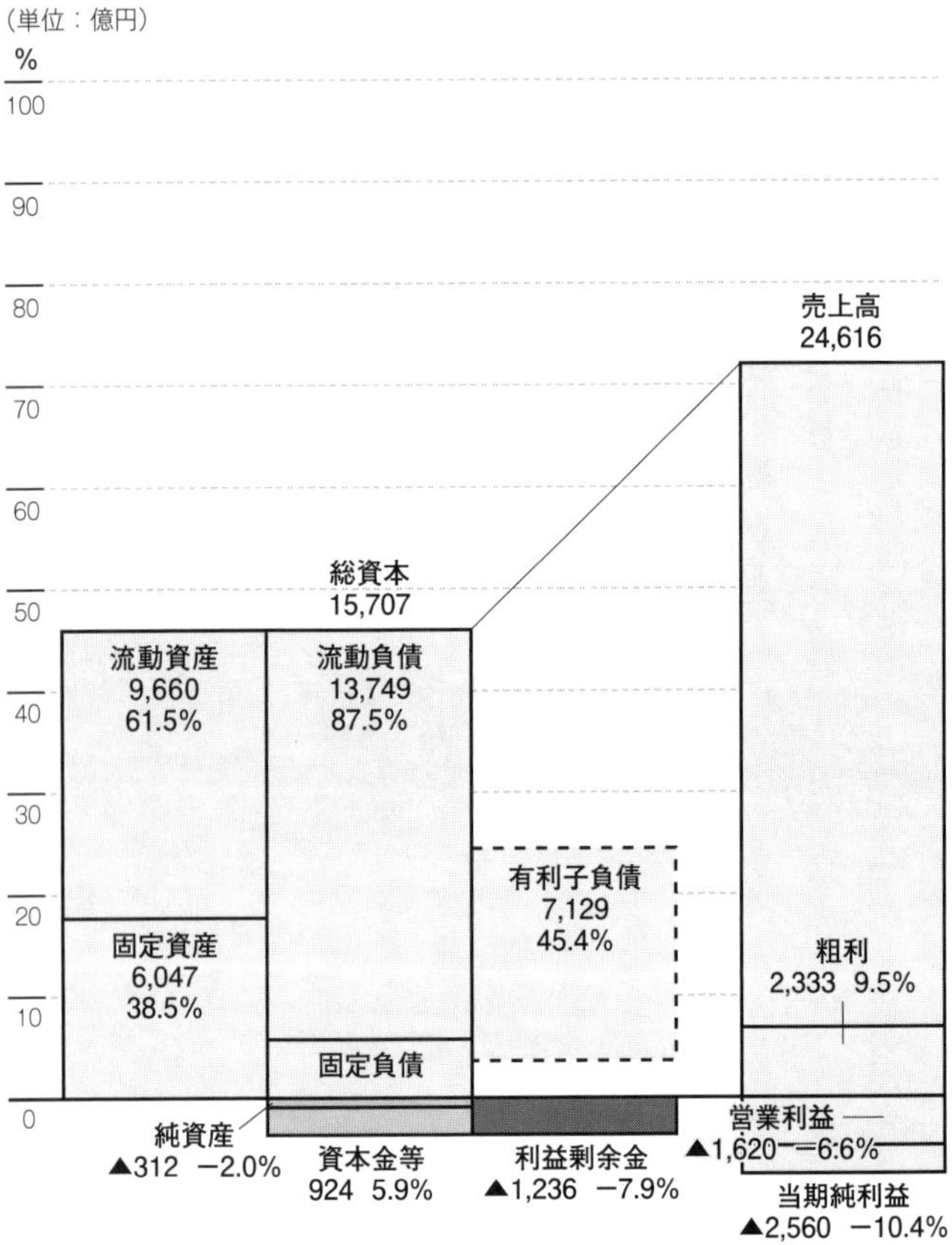

（単位：億円）
%
100
90
80
70
60
50
40
30
20
10
0
総資本
15,707
流動資産
9,660
61.5%
固定資産
6,047
38.5%
流動負債
13,749
87.5%
固定負債
有利子負債
7,129
45.4%
純資産
▲312 −2.0%
資本金等
924 5.9%
利益剰余金
▲1,236 −7.9%
売上高
24,616
粗利
2,333 9.5%
営業利益
▲1,620 −6.6%
当期純利益
▲2,560 −10.4%

図表 4-18　シャープの 2008 年と 2016 年の PL と BS

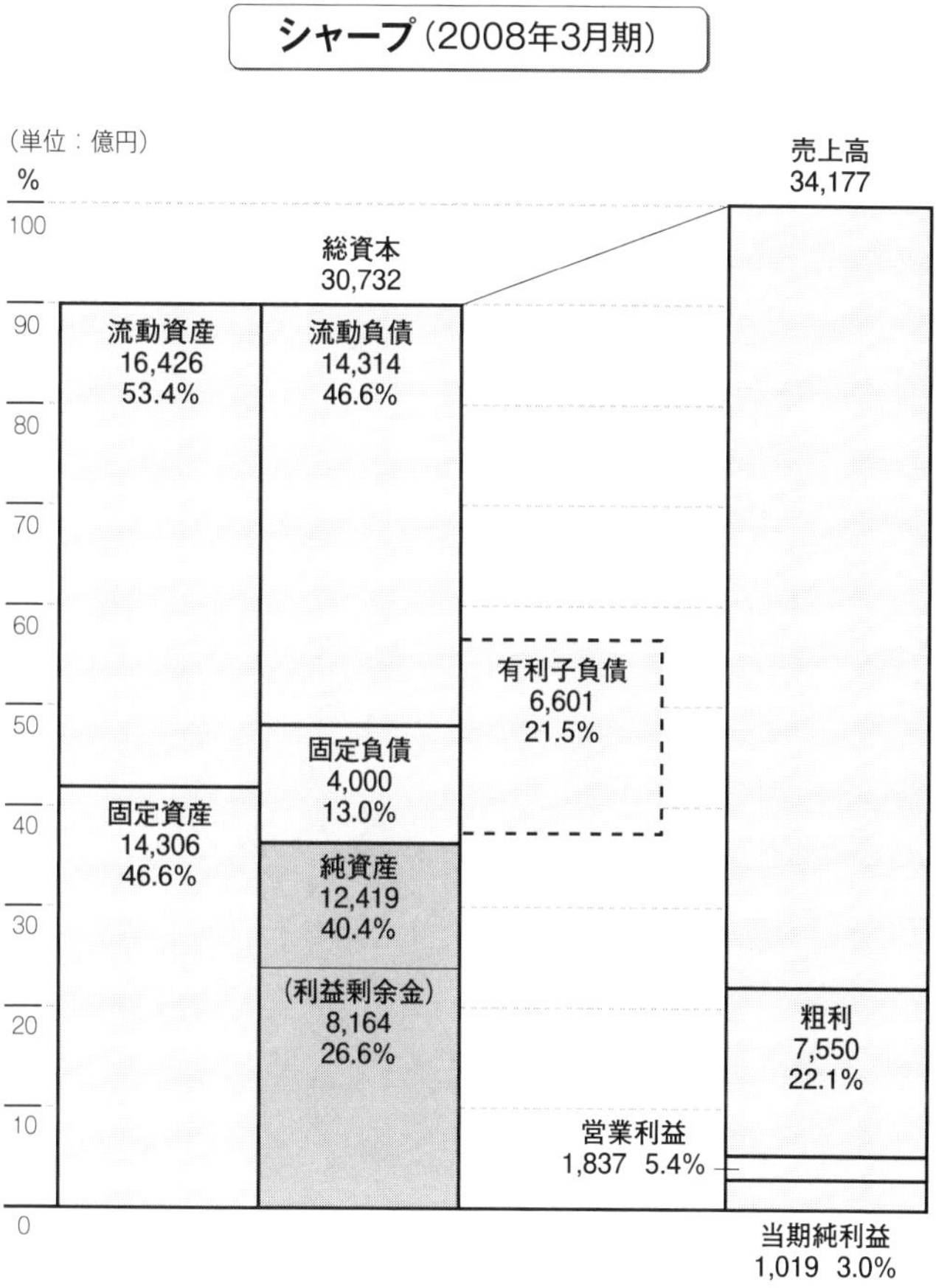

す。

PLもBSもかなり小さくなっています。8年間で規模はかなり小さくなっているのに、有利子負債は増えています。ちなみに、有利子負債の上下の記載位置は、流動負債に含まれる有利子負債と固定負債に含まれる有利子負債の比率がわかるように記載しています。シャープの2016年3月期の有利子負債は、そのほとんどが1年以内に返済しなければならないものであることがわかります。銀行の支援を受けて、なんとかキャッシュを回している姿が想像できます。

PLの方を見れば、本業の営業活動によってもたらされる営業利益の段階で1620億円の赤字で、最終利益である当期純利益では2560億円の大赤字です。

BSの右側が基準線の下に突き抜けています。152・153ページの図表4－14で説明した2008年3月期の三菱自動車の例と同じです。しかし、よく見てみれば、シャープの例は三菱自動車の例とは違います。三菱自動車も基準線の下に突き抜けたような感じでしたが、純資産合計はプラスでした。一方、シャープの方は純資産合計がマイナスになっているのです。

これは、資産合計より負債合計の方が多い、債務超過の状態です。つまり、2016年3月期の資産をBSの左側に記載されている価額通りに現金化できたとしても、すべての負債を返済できない状態なのです。

ここで、シャープのBSの純資産の部を見ておきましょう。次のページの図表4－19です。

債務超過になっているというのは、純資産合計がマイナスになっているということです。それは一番下の実線の枠囲いの△312 11百万円（約312億円）が示す通りです。

見ておいていただきたいのは、その上の大きな実線の枠囲いのところです。前年度と比べて資本金が大幅に減り500百万円（5億円）になっています。資本剰余金や利益剰余金も前年度と比べて変化しています。何やら、前期末から当期末にかけて、さまざまな変化があったようです。

この変化が何であったかは、株主資本等変動計算書を見ればわかります。次のページの図表4－20です。まず、一番上の行の当期首残高のところをご覧ください。利益剰余

図表4-19　シャープの純資産の部（2016年3月期）

（単位：百万円）

	前連結会計年度（平成27年3月31日）	当連結会計年度（平成28年3月31日）
純資産の部		
株主資本		
資本金	121,885	500
資本剰余金	95,945	222,457
利益剰余金	△87,448	△123,644
自己株式	△13,893	△13,899
株主資本合計	116,489	85,414
その他の包括利益累計額		
その他有価証券評価差額金	10,569	11,634
繰延ヘッジ損益	780	△843
為替換算調整勘定	△18,106	△38,456
退職給付に係る調整累計額	△79,566	△100,799
その他の包括利益累計額合計	△86,323	△128,464
非支配株主持分	14,349	11,839
純資産合計	44,515	△31,211
負債純資産合計	1,961,909	1,570,672

金が△87448百万円（約874億円）になっています。2015年4月1日時点で、過去の利益の蓄積がマイナスになっている、つまり欠損がある状態です。

シャープは2015年5月の取締役会で、6月末までに総額2250億円の増資を行ったうえで、同じく6月末までに資本金を5億円に下げる減資を行うことを決定したことを発表しています。読者のみなさんの中には、当初は中

図表 4-20
シャープの株主資本等変動計算書(2016年3月期)

当連結会計年度 (自 平成27年4月1日 至 平成28年3月31日)

(単位:百万円)

	株主資本				
	資本金	資本剰余金	利益剰余金	自己株式	株主資本合計
当期首残高	121,885	95,945	△87,448	△13,893	116,489
当期変動額					
新株の発行	112,500	112,500			225,000
資本金から剰余金への振替	△233,885	233,885			–
欠損填補		△219,781	219,781		–
親会社株主に帰属する当期純損失(△)			△255,972		△255,972
持分法の適用範囲の変動			△5		△5
連結子会社株式の取得による持分の増減		△90			△90
自己株式の取得				△9	△9
自己株式の処分		△2		3	1
株主資本以外の項目の当期変動額(純額)					
当期変動額合計	△121,385	126,512	△36,196	△6	△31,075
当期末残高	500	222,457	△123,644	△13,899	85,414

小企業の軽減税率の適用が受けられる資本金1億円まで減資するという目論見が発表され、各方面から厳しい批判が殺到し、最終的には会社法の大会社となる、最低資本金の5億円に落ち着いたという話があったことを思い出した方もおられるかもしれません。

これ以降の解説は、本書で説明した、資本準備金、DES（デット・エクイティ・スワップ）、減資、欠損てん補の内容がわかっていれば簡単に理解できると思います。

もう一度、図表4－20をご覧ください。まずは細長い枠囲いのところの、新株の発行です。総額225000百万円（2250億円）の増資が行われ、その半分の112500百万円（1125億円）が資本金に計上され、残りの112500百万円（1125億円）が資本剰余金の中にある資本準備金に計上されたわけです。

読者のみなさんの中には、「この経営不振のシャープに対して、だれが好き好んで増資を引き受けたのだろう」と思われた方もおられるでしょう。

実は、この増資の大半は新しい資金が注入されたのではなく、DESが行われたのです。つまり、シャープのメインバンクである、みずほ銀行と三菱東京UFJ銀行（現在の三菱UFJ銀行）の、それぞれ1000億円の借金が株式に変わったのです。ちなみに、この株式は160ページで説明したのと同じ、優先株式です。

借金を株式に変えることによって、借金返済の義務がなくなりますので、シャープの財務体質は改善されたと言えます。しかし、この新株の発行によって、シャープに新しい現金が増えたわけではありません。このDESの一番の目的は、欠損のてん補にありました。それをこれから説明します。

なお、総額2250億円の増資のうちの2000億円は前述のDESによるものですが、残りの250億円は、ジャパン・インダストリアル・ソリューションズという、日本の大手銀行が主要株主となっている、事業再生を支援する会社からの増資です。

次に、図表4−20の細長い枠囲いのすぐ下の小さい枠囲いを見てください。資本金の中から233885百万円（約2339億円）が資本剰余金に振替えられています。そして、この振替えと先ほど説明した増資によって増えた資本剰余金の中から、219781百万円（約2198億円）が欠損てん補に使われているわけです。

読者の中には、「なんでこんな中途半端な数字になっているんだろう。欠損が完全になくなるようにすればよかったのに」と思われた方もおられるでしょう。実は、いま説明している財務諸表はすべて連結財務諸表です。シャープの個別財務諸表を見ると、2015年3月期の欠損、つまりマイナスの利益剰余金は2198億円です。このシャープ単体の欠損額がてん補され、それが連結財務諸表に表れているわけです。

しかし、シャープの経営は予想を超えて悪化していきます。2015年度の第3四半期が終わった時点、つまり2015年の12月時点にシャープが発表した通期の営業利益の予想は、プラスの100億円でした。しかし、最終的な当期純利益はマイナス255972百万円（約2560億円）でした。それが、図表4-20の点線の枠囲いのところに表れています。

この結果、折角の増資と減資を行って欠損をてん補したにもかかわらず、最終的に1236444百万円（約1236億円）の欠損を抱えるような形になっているのです。一番下の枠囲いが示す通りです。なお、資本金は500百万円（約5億円）になっています。

ちなみに、2016年3月期のシャープの営業CFはマイナス189億円です。つまり、営業活動によってキャッシュが稼ぎ出せないところまできています。DESを行ったり、減資による欠損てん補を行ったりして財務諸表をきれいにしてみても、それは財務諸表上の計数の変化だけですから、シャープに現金が増えるわけではありません。将来の投資のためにもキャッシュが必要です。こういう状況の中で、シャープは最終的に鴻海からの出資を受けることに決めたのです。

ただ、その前には産業革新機構も、3000億円の出資を含む再建案を提示していました。しかし、産業革新機構の再建案は、2000億円の優先株式の放棄など、銀行団にかなりの負担を強いるものでした。シャープには銀行出身の取締役が2名おり、それぞれが経営の中枢を担っていました（2016年5月時点、その後退任）。シャープはさまざまな理由から鴻海を選んだのでしょうが、このことが鴻海を選んだ一因になっていたことは想像に難くありません。

④東芝の「のれん」の減損損失と繰延税金資産の取り崩し

次は東芝です。東芝の不正会計が発覚したのは2015年でした。その不正会計の手法については『新版 財務3表図解分析法』の附章で説明しました。東芝は2008年度から2014年度の間に、総額1500億円を超える利益操作を行っていました。

ただ、2015年に不正会計が発覚したころから一部の専門家は、東芝の子会社である原子力発電大手の米国ウエスチングハウス社に関する「のれん」の減損が行われていないことを指摘していました。

東京電力の原子力発電所の事故以来、原子力産業の市場環境は激変していました。しかし、東芝は、原子力事業全体としては保守事業や安全対策事業が好調で、減損の兆候はないとしていました。ところが、2016年3月期決算では、原子力事業も含めて総額2950億円の「のれん減損損失」が計上されています。

東芝の2016年3月期の決算は、この減損損失に加え、黒字化に向けた構造改革費や棚卸資産の評価減などの影響で、7000億円を超える過去最大の営業赤字になると予想されていました。

これだけで済めばまだよかったのですが、将来の利益予想が下がってくれば、本書の86~87ページで説明したように、繰延税金資産の取り崩しを行わなければならなくなります。こうなってくると東芝には債務超過の危機が迫ります。

このため東芝は、将来性のある事業であった東芝メディカルシステムズ株式会社（以下「東芝メディカルシステムズ」）を、2016年3月末までに売却しなければならなくなりました。まさに、東芝は「泣きっ面に蜂」の状況だったのです。

ちなみに、2016年3月期のBSを見れば、2517億円の繰延税金資産が取り崩されています。[*4] また、東芝メディカルシステムズの売却に関しては、東芝の2016年3月期のCSには、投資CFの欄に「東芝メディカルシステムズ㈱の株式売却による収入」として6384億円が計上され、PLには非継続事業からの利益として3709億円が計上されています。

その結果、2016年3月期のPLを見れば、最終的な当期純利益は4600億円の赤字に収まっています。しかし、継続事業からの損失は8869億円です。ちなみに、

＊4　短期繰延税金資産が1824億円から633億円に1191億円減少し、長期繰延税金資産が1605億円から279億円に1326億円減少し、繰延税金資産は合計で2517億円減少しています。

２０１６年３月期の資本金と資本剰余金の合計額は８３９４億円です。東芝は東芝メディカルシステムズの売却によって、２０１６年３月期の債務超過が回避されたのです。

これまで説明してきたように、減資・ＤＥＳ・減損損失・税効果会計といったことがわかっていれば、財務諸表のかなり深いところまで読み解くことができるようになるのです。

第5章　国際会計基準（ＩＦＲＳ）と連結会計について

この第5章では、昨今の会計基準の動向を踏まえて、会計の専門家ではないみなさんに理解しておいていただきたい国際会計基準（IFRS）について説明します。また、その国際会計基準は連結を基本にしていますので、連結会計についても連結の範囲や連結の方法について説明しておきます。

(1) 国際会計基準（IFRS）について

① 日本の会計基準と国際会計基準の違い

国際会計基準のことを一般的にIFRS（アイ・エフ・アール・エスやアイファースあるいはイファース）と呼んでいますが、IFRS（International Financial Reporting Standards）の訳語は「国際財務報告基準」です。ただ、国際会計基準という言葉も使われていますので、本書ではそれを使います。

過去の一時期においては、国際会計基準が強制適用されて、会計の姿が全く変わるという危機感をあおるような論調があふれていた時期がありました。その後、紆余曲折を経て、2010年3月期の連結財務諸表より、一定の要件を満たす企業に対し、国際会計基準の強制適用ではなく任意適用が認められることとなりました。それと共に、日本の会計基準も順次改正あるいは新たな開発が行われており、次第に国際会計基準に近寄ってきているというのが実情です。

確かに、国際会計基準と日本の会計基準の間には、「のれん」の償却やリースの取り扱いなど、まだ違いはあります。その他にも細かな違いはたくさんあり、財務諸表を作ることが仕事である人たちにとっては重要な違いかもしれません。しかし、私たち財務諸表が読めればいい人にとっては、そのような細かな違いをあまり気にする必要はなく、大きな違いを押さえておけば十分です。

国際会計基準においても、本書で説明してきた会計の全体像と基本的な仕組みは何ら変わりません。すべての会社が行っている3つの活動を、3つの財務諸表で表しているという基本は全く同じなのです。

ただ、次のページの図表5－1の通り、これらの3つの表の名称は異なります。図表5－1の「国際会計基準との違い」のところに「大差なし」と書いてあるものも、使用

国際会計基準 個別・連結	国際会計基準との違い
財政状態計算書 Statement of Financial Position	個別は「退職給付に係る調整累計額」の扱いが異なる。 連結は国際会計基準と大差なし。
純損益及びその他の包括利益計算書 Statement of Profit or Loss and Other Comprehensive Income	日本基準の個別にはその他の包括利益計算書部分がない。 連結は国際会計基準と大差なし。 (「当期純利益」に「その他の包括利益」が加減され、「包括利益」が表示される)
キャッシュフロー計算書 Statement of Cash Flows	大差なし
持分変動計算書 Statement of Changes in Equity	大差なし

する用語などにさまざまな違いがあります。ここで「大差なし」と書いてあるのは、前述したように会計の専門家ではない私たちが、財務諸表を理解し利用するにあたっては大差がないという意味であることをご理解ください。

②「包括利益」とは何か

財務3表の中で大きな違いがあるのは、日本の会計基準でいう「損益計算書」にあたるものが、国際会計基準では「純損益及びその他の包括利益計算書」になって

図表 5-1

日本の会計基準と国際会計基準との財務諸表の違い

日本の会計基準	
個別	連結
貸借対照表 Balance Sheet	連結貸借対照表 Consolidated Balance Sheet
損益計算書 Profit and Loss Statement	連結損益及び包括利益計算書 Consolidated Statement of Profit or Loss and Other Comprehensive Income
キャッシュフロー計算書 Cash Flow Statement	連結キャッシュフロー計算書 Consolidated Cash Flow Statement
株主資本等変動計算書 Statement of Changes in Net Assets	連結株主資本等変動計算書 Consolidated Statement of Changes in Net Assets

いる点です。前述したように、日本の会計基準も国際会計基準に近づいており、国際会計基準が連結を基本としているため、日本の会計基準でも、連結財務諸表では「連結損益及び包括利益計算書」が作成されています。

次のページの図表5－2が「連結損益及び包括利益計算書」の一例です。上部は損益計算書と同じです。下部に加わっているのが「その他の包括利益」です。「当期純利益」に「その他の包括利益」が加わって、「包括利益」合計に

図表 5-2　連結損益及び包括利益計算書

売上高	5,000	当期純利益
―――		
当期純利益	100	
（内訳）		
親会社株主に帰属する当期純利益	80	
非支配株主に帰属する当期純利益	20	
その他の包括利益：		その他の包括利益
その他有価証券評価差額金	30	
繰延ヘッジ損益	20	
為替換算調整勘定	5	
退職給付に係る調整額	5	
その他の包括利益に係る税効果額	△ 15	
その他の包括利益合計	45	
包括利益	145	
（内訳）		
親会社株主に係る包括利益	115	
非支配株主に係る包括利益	30	

なっています。

図表5－2のように、（内訳）として親会社株主と非支配株主に分かれているのは、後に続く196ページの連結のところで説明します。

包括利益とは、資本取引（直接資本を増やす増資や、株主への剰余金の払い戻しである配当などのこと）を除く、純資産の部の変動要因のすべてのことです。増資や配当金支払等の資本取引を除けば、純資産の部の大きな変動要因が当期純利益です。PLの当期純利益が純資産の部の繰越利益剰余金を変動させます。

ただ、当期純利益以外にも純資産の部を変動させるものがあります。それは純資産の部の構造を見ていただければすぐにわかります。次のページの図表5－3が純資産の部の表示様式の一例です。

③日本の連結財務諸表が国際会計基準に近寄ってきている

左側が個別の貸借対照表、右側は連結の貸借対照表です。国際会計基準は連結の議論をメインにしているため、日本の会計基準が国際会計基準に近寄ることによって、連結貸借対照表だけが変化し、個別貸借対照表と泣き別れの状態になっているのです。

個別の貸借対照表がIFRS方式を採用していないのは、税法との調整及び会社法における配当可能利益との調整をどうすべきかの議論がまとまっていないためです。

連結財務諸表では、「2資本剰余金」と「3利益剰余金」の詳細については表記しなくてよいことになっています。その意図は、個別財務諸表の株主資本では、配当可能か否かが大きな論点になるので、配当不能である準備金を明示する必要があるのに対し、連結ではその必要がないため、詳細は表記しなくてもよいということです。

ここで注目していただきたいのが、連結貸借対照表の「Ⅱその他の包括利益累計額」です。「Ⅱその他の包括利益累計額」の中の「その他有価証券評価差額金」が何を表すかは第2章の「金融商品の時価会計②」で説明しました。投資有価証券などを期末に評価替えしたときの差損益がここに表されます。「繰延ヘッジ損益」「土地再評価差額金」

連結貸借対照表

純資産の部
- Ⅰ株主資本
  - 1資本金
  - 2資本剰余金
  - 3利益剰余金
  - 4自己株式
- Ⅱその他の包括利益累計額
  - 1その他有価証券評価差額金
  - 2繰延ヘッジ損益
  - 3土地再評価差額金
  - 4為替換算調整勘定
  - 5退職給付に係る調整累計額
- Ⅲ新株予約権
- Ⅳ非支配株主持分

図表 5-3
純資産の部の表示様式

個別貸借対照表

純資産の部
- Ⅰ株主資本
  - 1資本金
  - 2資本剰余金
    - (1) 資本準備金
    - (2) その他資本剰余金
  - 3利益剰余金
    - (1) 利益準備金
    - (2) その他利益剰余金
      - 任意積立金
      - 繰越利益剰余金
  - 4自己株式
- Ⅱ評価・換算差額等
  - 1その他有価証券評価差額金
  - 2繰延ヘッジ損益
  - 3土地再評価差額金
- Ⅲ新株予約権

「為替換算調整勘定」「退職給付に係る調整累計額」の内容は、本書で扱うレベルを超えていますのでここでの解説は割愛します（これらの内容については187ページでごくごく簡単に説明します）。

つまり、純資産の部の中で、当期純利益以外に純資産の部を変動させる要因が、「Ⅱその他の包括利益累計額」なのです。包括利益とは、資本取引を除く、純資産の部の変動要因のすべてだと言いましたが、純資産の部の当期純利益の変動だけではなく、資本取引以外のBSの純資産の部の変動である「Ⅱその他の包括利益累計額」をひっくるめて、「包括利益」と呼んでいるのです。

『新版 財務3表一体理解法』で、BSの純資産の部は会社の正味財産、つまり帳簿上の会社の価値を表すところだと説明しました。国際会計基準で包括利益を重視するのは、会社の事業利益だけでなく、事業利益を含む会社の価値の変動を評価していこうという考え方によるものなのです。

ちなみに、包括利益という考え方を導入することにより、連結貸借対照表の「Ⅱその他の包括利益累計額」の中に「退職給付に係る調整累計額」という項目が出てきました。そのことによって退職給付債務に関する「隠れ債務」が明るみに出たということが話題になりました。この「隠れ債務」の説明は難しいので本書での説明は割愛しますが（「隠れ債務」の詳しい内容は、拙著『できる人になるための「財務3表」』（中央経済社）をご参照ください）、日本の会計基準が国際会計基準に近づくことで、より詳細に会社の状況が開示されるようになってきているのです。

〈「Ⅱその他の包括利益累計額」の各項目の簡単な説明〉

「Ⅱその他の包括利益累計額」の項目のうち、「繰延ヘッジ損益」、「土地再評価差額金」、「為替換算調整勘定」、「退職給付に係る調整累計額」をごくごく簡単に説明しておきます。「繰延ヘッジ損益」はデリバティブといわれる金融派生商品の損益認識のタイミングに係る差損益、「土地再評価差額金」は過去に時限立法として存在した「土地の再評価に関する法律」に基づき、土地を再評価したときの評価差額、「為替換算調整勘定」は海外の子会社の財務諸表を円換算する場合に用いる為替相場の違いによって発生する差額のことです。なので、「為替換算調整勘定」は連結の財務諸表だけに出てきます。

また、「退職給付に係る調整累計額」は、退職給付会計について個別財務諸表と連結財務諸表ではその取り扱いが異なる点があるため、連結財務諸表だけに出てくるものです。

ただし、いずれも本書で扱うレベルを超えていますので、本書では詳細な説明を割愛します。

④押さえておくべき日本の会計基準と国際会計基準の大きな違い

本章の初めに、日本の会計基準と国際会計基準の大きな違いを押さえておけばよいと言いました。大きな違いとして押さえておくべきなのは次の3点です。

1. 「のれん」の非償却
2. 収益認識基準
3. リースの取り扱い

「のれん」については124〜129ページで詳しく解説しました。簡単に言えば、M&Aの結果計上される「のれん」という資産について、日本の会計基準では一定の年数で償却しますが、国際会計基準では償却をしません。その代わり、毎年その価値が減少していないかを検証し、減少していれば減少している価値分の「のれん」を減らして費用に計上します。これを「のれんの減損」と言います。

「収益認識基準」は難しい言葉ですが、要するに売上に関する会計基準のことです。ある契約に関する売上はいつ計上すべきなのか、またその際、いくらで計上すべきなのかといった点について詳細に規定された基準です。

「そんなの決まっているじゃないか」と思われる方もおられるかもしれません。例えば、みなさんの会社が店舗を持っていたとして、店頭でお客様に商品を販売した場合、店頭でお客様から代金をいただいたときに、その代金を売上に計上します。

確かに、このような単純な商品売買であれば簡単かもしれません。しかし、実際にはそんな会社ばかりではありません。例えば、みなさんの会社が業績を伸ばし販売のノウハウがたまったとしましょう。地方には販路を拡大したいがそのノウハウがない有望なお店がたくさんあります。それらのお店に対して販売のコンサルテーション業務を行うことになった場合を考えてみてください。

みなさんの会社はそのようなお店に、年間を通して定期的に販売に関する助言を行うとともに、年度末に全国のいろいろなお店の方に集まっていただいて意見交換を行う場を提供し、そのコーディネーションを行う業務を提供しているとしましょう。

契約上はすべて込々で年間30万円を年度末に支払っていただくことになっています。このコンサルティング業務の売上を考えたとき、売上の計上タイミングは期末のみでしょうか。またその場合金額は30万円全額を期末に計上してしまってよいでしょうか。

例えば、定期的に販売に関する助言を行う部分については毎月一定の金額を売上として計上し、年度末に実施される意見交換の場の提供とコーディネーションに係る売上は年度末に計上するのが正しいかもしれません。その場合、それぞれの売上金額はいくらにすべきでしょうか。

これらの売上の計上に係る判断の基準となるのが収益認識基準です。国際会計基準における収益認識基準は昔から存在していたのですが、2018年1月1日以後開始する事業年度から新しい収益認識基準（正確には「顧客との契約から生じる収益」と呼ばれています）の適用が開始されました。

新しい収益認識基準では、計上する売上の時期や金額を決定するにあたり、5つのステップを踏んで判断することになっています。その詳細までは知らなくても、5つのステップがあるということを知っておけば十分です（ちなみにそのステップは、契約の識別、履行義務の識別、取引価格の算定、履行義務への取引価格の配分、履行義務の充足による収益の認識の5つです)。

ただ、それぞれのステップでさまざまな判断が必要となるため、似たような契約であっても結論が異なる(例えば売上タイミングが異なる)ということは十分にありえます。そのため、例で挙げたコンサルティング業務の場合も、契約の内容を詳細に検討しない限り、結論を出すことはできません。

このように、国際会計基準には詳細な収益認識基準があるのですが、実はこれまでの日本の会計基準では、売上の計上について包括的に取り扱った国際会計基準のような収益認識基準はありませんでした。ソフトウェアや工事契約といった特定の分野に関する基準と、実現主義と呼ばれる基本的な規定が企業会計原則という非常に古い規程の中で示されていたのみでした。

しかし前述の通り、日本の会計基準を国際会計基準に近づけようという流れの中で、日本の会計基準においても売上に関する包括的な基準である収益認識基準が作成され、2021年4月1日以後開始する事業年度から強制適用されることになりました。その内容は国際会計基準とほぼ同じと考えてよいでしょう（国際会計基準と異なる取り扱いが認められている点はあるのですが、会計の専門家ではない人間としては国際会計基準とほぼ同じと考えて問題ありません）。

もうひとつ、国際会計基準と日本の会計基準の大きな違いはリースの取り扱いです。日本基準でもリース取引に関する会計基準はあり、リース取引のうち一定の条件を満たすものは有形固定資産や無形固定資産に計上し、通常の有形固定資産や無形固定資産と同様に減価償却あるいは償却を行います。

ただ、リース取引であってもオペレーティング・リース[*5]と呼ばれている種類のリースについては有形固定資産や無形固定資産には計上されず、支払ったリース料を販管費等の費用に計上しています。

しかし、国際会計基準においては、２０１９年1月1日以後開始する事業年度から新しいリースの会計基準が適用されており、そこにおいては、オペレーティング・リースであっても有形固定資産や無形固定資産に計上しなければならないケースが出てくることになりました。

例えば、みなさんの会社でも本社ビル等を賃借されているところがあると思います。このような賃貸借契約に基づく家賃の支払いは、日本基準では通常オペレーティング・リースに分類され、販管費等の費用として計上しているのが一般的であると思われます。

しかし、国際会計基準の新しいリース基準では、今後支払われると考えられる家賃を合計し、それを「使用権資産」という名前で資産として計上するというのが一般的な会計処理になっています。

＊5　リース取引は会計上、オペレーティング・リースとファイナンス・リースに分かれます。誤解を恐れずにごくごく簡単に言えば、オペレーティング・リースとはレンタルに近いようなもので、過大なコストを支払うことなく解約できたり、その物件を購入した場合と比べて使用方法や範囲等が制限されているような取引である一方、ファイナンス・リースはその物件を購入したのと変わりないようなものといったイメージです。基本的にオペレーティング・リースは費用計上で、ファイナンス・リースは固定資産に計上されます。なお、オペレーティング・リースとファイナンス・リースの正確な定義を知りたい方は、拙著『できる人になるための「財務3表」』（中央経済社）をお読みください。

「使用権資産」も減価償却をしなければならないため、従来、販管費等に計上されていた家賃がなくなるかわりに、「使用権資産」の減価償却費がＰＬに計上される形となり、実は損益の面ではあまり大きなインパクトはないとも考えられます。

しかし、従来家賃として費用に計上されていたものが資産として計上されると、資産が増加します。少ない資産でいかに効率的に利益をあげるかという点を重視した経営を行っているような場合には大きなインパクトとなる可能性があります。

もちろん、経営実態が何も変わっていないのに会計基準が変わるだけで経営効率の評価が変わるのはおかしいという議論はあると思います。そのため、時系列での比較や他社との比較をする場合は、過去や他社の資産についても仮に家賃が資産計上された場合はどのくらいの金額になるかということを推定して判断しなければならないかもしれません。

いずれにしても、本社ビル等について、単に家賃という費用を支払っているというよりも、使用権という資産を利用するための支払いを行っていると考えるのが国際会計基準のリース基準の考え方のように思われます。

本書執筆時点において、日本でも国際会計基準に合わせてリース基準を改正すべきか否かについて議論が行われていますが、結論は出ていません。まだしばらくはリースについては日本基準と国際会計基準では差が残ったままになる可能性があります。

なお、最後にもう1点だけ、国際会計基準と日本の会計基準の違いとしてよく取り上げられる点を挙げておきます。それは、国際会計基準では、「純損益及びその他の包括利益計算書」において、日本の会計基準のような特別利益や特別損失を計上することはできないということです。

仮に日本の会計基準における特別利益や特別損失に該当する事象が生じた場合であっても、国際会計基準ではそのほかの収益や費用と同様に処理しなければなりません。これは、何を「特別」と考えるかについての判断に会社ごとの差異が出ることを回避するためだと考えられます。

特別利益や特別損失がないため、国際会計基準では、経常利益という言葉も出てこないという点は覚えておいてください。

（2） 連結会計について

①連結対象の会社と連結のプロセス

最近の財務分析は、企業グループ全体の業績を評価するために、連結の財務諸表が使われるのが一般的です。前述したように、国際会計基準も連結を基本にしています。ここで、連結の財務諸表を作るプロセスについて説明します。

個別の財務諸表での分析が主流だった時代には、親会社の財務諸表を良く見せるために、無理やり子会社に商品を売りつけたり、不良資産を子会社に移し替えたりする行為が頻繁に行われていました。その点、連結の財務諸表で評価することは、その企業グループ全体の業績を正しく評価できるようになったことを意味します。

まずは連結の対象となる会社の説明です。連結の対象会社は「子会社」と「関連会社」で、この2つを合わせて「関係会社」と言います。「子会社」と「関連会社」の範囲は、株式の保有比率で言えばおおむね図表5－4のようになります。親会社が50％超の株を保有しているのが子会社で、20〜50%の株を保有しているのが関連会社です。ただし、子会社や関連会社の範囲は、株式の保有比率だけでなく、親会社の支配力や影響力も加味して総合的に判断されます。

図表5-4　子会社・関連会社の範囲

	親会社の株式所有率C 直接%＋間接%
子会社	50%＜C
関連会社	20%≦C≦50%

（子会社・関連会社）＝関係会社

支配力基準：意思決定機関の支配
影響力基準：財務・事業の方針に重要な影響

それでも、複雑な持株形態の場合は、持株比率（議決権の所有割合）の考え方でさえ迷うときがあります。例えば、次のページの図表5－5の①をご覧ください。親会社P社が子会社C社の株を70%保有し、そのC社がM社の株を60%保有している場合です。P社のM社に対する持株比率は、70%×60%＝42%と考えてしまいそうですが、そうではありません。C社を子会社とした時点で、C社はP社の100%子会社であるとした場合と同様に考えて、C社がM社の株を60%保有しているので、株式の保有比率だけから言えばM社もP社

図表 5-5　**複雑な持株形態の場合**

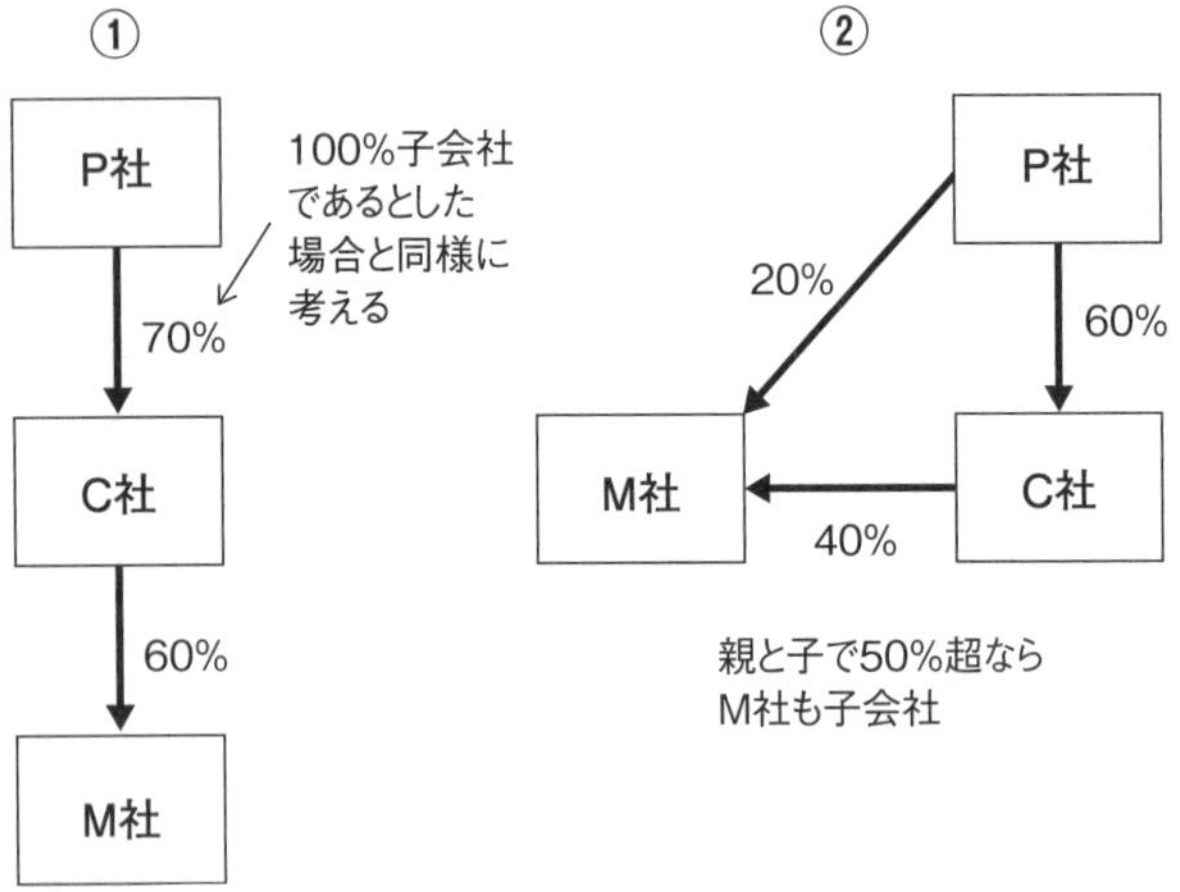

の子会社と見るわけです。

それでは、②のように親会社P社が子会社C社の株を60%保有し、P社がM社の株を20%保有し、C社もM社の株を40%保有している場合はどうでしょう。この場合もP社が直接は20%、間接的に60%×40%＝24%で合計44%保有していると考えるのではありません。この場合も、子会社の範囲に含まれるか否かの判定において、C社がP社の子会社である限り、C社の持株比率がいくらであるかにかかわらず（ここでは60%）、P社とC社は一体と考えて、P社とC社が持っているM社の持株比率を単純合算した割合で考えるのです。つまり、親会社P社と子会社C社の持株比率が合計で50%超になっているので、M社もP社の子会社と考えます。

次に、実際の連結作業のプロセスを簡単に見ていきましょう。連結財務諸表は関係会社の財務諸表を足し合わせたものですが、単純に足し合わせれば済むものではありません。ダブルカウントを避けるため、関係会社間の取引を「相殺消去」しなければなりません。

次のページの図表5－6の簡単なBSを使って、財務諸表を合算してから、どのようにして相殺消去の処理を行うのかを説明します。

最初に親会社から子会社への投資を相殺消去します（①）。親会社P社が子会社C社の株を10万円保有（C社株の100％）している場合です。単純合算した後、資産のC社株10万円と純資産の資本金10万円を相殺消去します。

グループ内で貸し借りをしている場合、その債権・債務を相殺消去します（②）。P社がC社に10万円を貸し付けている場合は、単純合算した後に、資産にあるC社への貸付金10万円と、負債にあるP社からの借入金10万円を相殺消去します。

図表 5-6　**連結のプロセス**

① 投資・純資産の相殺消去

親会社の投資と子会社の純資産を相殺消去する

（単位：万円）

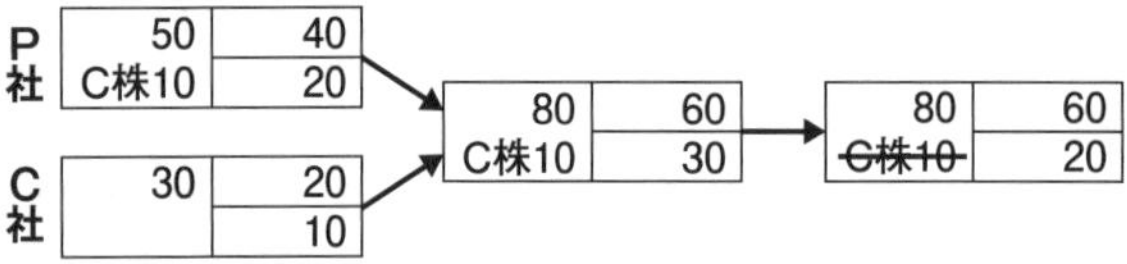

② 債権・債務の相殺消去

親子間、子と子の間で対応する債権と債務は、互いに相殺消去する

（単位：万円）

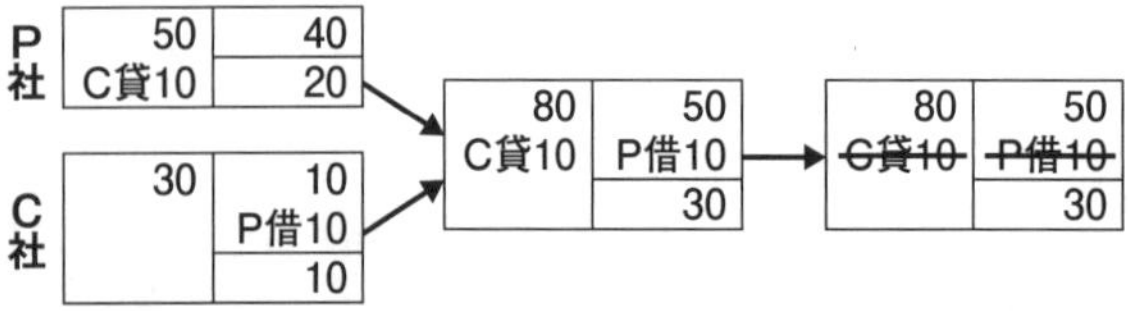

③ 売上・仕入の相殺消去

グループ内の会社との取引で、売上と仕入を相殺消去する

④ 受取配当・支払配当の相殺消去

親子間の配当を相殺消去する

⑤ 未実現利益の消去

親会社が子会社に原価70万円のものを100万円で売り、これが子会社の在庫としてあったとすると、親会社の利益30万円はまだ実現していない利益、「未実現利益」として消去する

次は関係会社内での取引の売上と仕入を相殺消去します（③）。親子間での受取配当と支払配当も同様に相殺消去します（④）。

最後に⑤の未実現利益の消去です。例えば、親会社が子会社に原価70万円のものを100万円で売り、これが子会社の在庫として残っていたとすると、親会社の利益30万円はまだ実現していない「未実現利益」として消去するのです。

このように相殺消去を行うと、親会社が子会社に商品を売りつけて利益を稼いでも何の意味もないことがよくわかりますね。

②全部連結と持分法連結

連結の方法には、「全部連結」と「持分法連結」の2つがあります。簡単に言えば、「全部連結」はいったん全部を合算しておいてから、相殺消去したり親会社の持分でないものを明確にしたりする方法です。一方、「持分法連結」は関係会社の利益のうち親会社の持分だけを連結する方法です。

これからの説明は少し複雑に感じるかもしれませんが、考え方自体は難しいものではありませんので、204・205ページの図表5－7を見ながら肩の力を抜いてついてきてください。

親会社が関係会社の40％の株式を保有しているケースを例に考えましょう。図表5－7の左上の2つの図が親会社のBSとその関係会社のBSです。

親会社のBSの資産の部に、関係会社株式200万円とあります。これは関係会社のBSの資本金500万円のうちの40％の200万円分を、親会社が保有していることを意味します。残りの300万円は、この親会社とは関係のない他の株主が保有しているということです。

PLの方を見てください。PLの左側の縦2列が親会社のPLと関係会社のPLです。話を簡単にするために今期の親会社の売上高は1000万円で、営業利益は「0」にしました。関係会社の今期の売上高は700万円で、営業利益が400万円です。税引前当期純利益も400万円で、30％の法人税等120万円が計上され、今期の当期純利益は280万円になっています。

この関係会社の当期純利益280万円が、関係会社のBSに利益剰余金280万円として記載されているわけです。前期からの繰越の利益剰余金はなかったものとします。

親会社の持株比率が40%であっても、親会社の支配力や影響力の度合いによって、子会社になる場合があることは前述の通りです。基本的には「子会社は全部連結」、「関連会社は持分法連結」で連結すると考えておけばよいのですが、ここでは同じ株式持分40%の関係会社を、全部連結する場合と持分法連結する場合の、2つのケースで説明することにします。

図表5－7の左側の下から2つ目の全部連結のBSをご覧ください。全部連結の場合は、まず親会社と関係会社のBSを合算して相殺消去を行います。資産は親会社の現金800万円と関係会社の現金880万円です。関係会社株式の200万円は関係会社の資本金500万円のうちの親会社持分200万円と相殺されますので、関係会社株式の200万円は無視して、合算後の資産は現金1680万円になっています。負債は親会社の400万円と関係会社の100万円の合算で500万円になります。

「純資産の部」は資本金が親会社の600万円です。関係会社の資本金500万円のうちの親会社分200万円は相殺消去されています。残りの300万円（＝500×60

PL

（単位:万円）

	親会社	関係会社	全部連結	持分法連結
売上高	1,000	700	1,700	1,000
営業利益	0	400	400	0
持分法による投資利益				112
営業外利益計	0	0	0	112
経常利益	0	400	400	112
税引前当期純利益	0	400	400	112
法人税等	0	120	120	0
当期純利益	0	280	280	112
非支配株主に帰属する当期純利益			168	0
親会社株主に帰属する当期純利益			112	112

→親会社負債（400）＋関係会社負債（100）

→親会社の資本金（600）

→親会社に帰属する当期純利益（280×40%＝112）

→関係会社資本金の非支配株主持分 ＋ 非支配株主に帰属する当期純利益
（500×60%＝300）　（280×60%＝168）

→親会社の負債（400）

→親会社の資本金（600）

→持分法による関係会社の当期純利益（280×40%＝112）

図表 5-7　**全部連結と持分法連結**

持株比率40%の会社

親会社のBS

（単位:万円）

現金	800	負債	400
関係会社株式	200	資本金	600

500×40%=200

関係会社のBS

現金	880	負債	100
		資本金	500
		利益剰余金	280

全部連結のBS

現金	1,680	負債	500
		資本金	600
		利益剰余金	112
		非支配株主持分	468

持分法連結のBS

現金	800	負債	400
		資本金	600
関係会社株式	312	利益剰余金	112

%）はこのグループ以外の株主が持っている株式なので、この３００万円がまず「非支配株主持分」として計上されます。その際、今期の関係会社の利益剰余金２８０万円のうちの60％の１６８万円（＝２８０×60％）も、このグループ以外の株主の持分になります。したがって、非支配株主持分は、３００万円＋１６８万円で合計４６８万円になります。

全部連結のＢＳの利益剰余金に計上されるのは、関係会社の今期の利益剰余金２８０万円のうち、親会社の持分である40％分の１１２万円だけとなります。残りの60％分の１６８万円は、前述したように、このグループ以外の株主の持分になりますから、非支配株主持分に計上したわけです。これで、ＢＳの左右の合計は共に「１６８０」で一致します。

全部連結のＰＬも見ておきましょう。ＰＬの右から2列目が全部連結の数字です。売上高は合算で１７００万円です。営業利益も合算して４００万円。合算した税引前当期純利益４００万円に法人税等30％の１２０万円が計上されて、当期純利益が２８０万円になります。

この当期純利益280万円の60％の168万円は、このグループ以外の株主の持分ですから、「非支配株主に帰属する当期純利益」の168万円になっています。当期純利益280万円からこの168万円を差し引いた112万円が、「親会社株主に帰属する当期純利益」になっています。別の言い方をすれば、当期純利益280万円のうちの40％の112万円が「親会社株主に帰属する当期純利益」ということです。この112万円が、全部連結のBSの利益剰余金の112万円とつながっているわけです。

次は持分法連結です。図表5－7の左側の一番下の持分法連結のBSを見てください。持分法連結とは、関係会社の利益のうちの親会社持分の40％だけを連結していく方法です。BSの左側の現金は親会社の800万円だけです。関係会社株式の312万円についてはは後ほど説明します。

PLを見てください。PLの右端の数字が持分法連結の数字です。持分法連結のPLの売上高は親会社の1000万円だけです。関係会社の分は、営業外利益のところに「持分法による投資利益」として112万円が計上されています。これは関係会社の当期純利益280万円の40％の112万円です。親会社の利益は「0」と仮定しているので、持分法連結での税引前当期純利益も112万円です。これは関係会社の税引後の利益ですから、持分法連結でこの112万円の利益に、さらに法人税等が課税されることはありません。112万円がそのまま持分法連結のPLの当期純利益になります。そして、この当期純利益112万円が、持分法連結のBSの利益剰余金とつながっているのです。説明が残っているのはBSの左側の関係会社株式312万円です。前述した「持分法による投資利益」の112万円は、資産の部では関係会社株式の価値が112万円増加したと考えます。ですから、持分法連結のBSにおける関係会社株式は、もともとの関係会社株式200万円に112万円が加わって、合計で312万円になるのです。

ここは少し混乱される方がおられるかもしれません。PLに計上される「持分法による投資利益」の112万円は、親会社から言えば現金の動きがあるものではありません。関係会社のBSで言えば、利益剰余金が増えて株主資本が増えていることを意味します。つまり、関係会社の帳簿上の価値が上がっているのです。そういう意味で、持分法連結のBSでは、親会社の持分だけ関係会社株式の価値が上がったことになるのです。

これは60~64ページで勉強した、投資有価証券の時価会計のイメージで理解するのがよいでしょう。つまり、関係会社が利益を出すことによって、関係会社の帳簿上の価値が上がったということです（61ページで説明した「関連会社株式も時価評価は行わない」という話との関連で混乱した方がおられるかもしれません。61ページの時価評価とは、株式市場での関係会社の株式の時価変動等の市場価格の話であり、ここでの話は関係会社の会計上の損益による帳簿上の価値の変化のことです）。

持分法連結のBSにおいて、負債は親会社の400万円だけです。資本金も親会社の600万円だけです。これでBSの左右の合計が一致しています。

以上のように、持分法連結では関係会社の資産も負債も基本的に合算せず、投資利益として関係会社の利益の持分（この場合は40％）だけを連結するのです。

3 商法と会社法、そして旺盛なる起業家精神

日本では2006年5月に新しく会社法が施行されました。「旧商法」などと言ったりするものですから、商法がなくなって会社法になったと思っている人もいるようです。しかし、そうではありません。会社法が施行される前の商法は、第1編「総則」、第2編「会社」、第3編「商行為」、第4編「海商」という構成になっていました。この商法の第2編が独立して全面改訂されたのが会社法なのです。

昔の商法の第2編「会社」の内容と、会社法の間にはたくさんの違いがあります。まず、最低資本金規制がなくなりました。昔は株式会社の資本金は1千万円以上、有限会社は3百万円以上でしたが、今では資本金1円でも起業できます。有限会社という枠組みもなくなり、新たに有限会社を設立することはできなくなりました（すでに存在する有限会社は会社法に則って運営さ

れます)。株券も不発行が原則となりました。配当も昔は、中間配当を別にすれば、決算の確定手続きとして基本的に年に1回の配当でしたが、今では株主総会で決議さえすれば、年に何回でも配当できるようになりました。

余談になりますが、私のサラリーマン生活の最終の時期である1990年代の終わりは、盛んに本業回帰が叫ばれ、本業と関連の薄い事業の分離が進められた時代でした。私が勤めていた会社も例外ではありませんでした。当時、私が所属していた事業部は売上高が数千億という規模でしたが、その事業部が分社化されることになっていました。

当時は、独占禁止法の改正により持株会社が解禁されたことに伴う株式交換・株式移転の法整備が検討されていたころでした。私が所属していた事業部の分社化の事例は、株式交換・株式移転の法整備の検討に好例だということで、通商産業省(当時)の若き官僚のみなさんが意見交換に会社にお見えでした。彼らは夕方に来られて、ディスカッションの後夜9時ごろに業務のためにまた事務所に帰って行かれました。彼らのような優秀で志の高い官僚のみなさんが、日本を支えてくださっているのだなと感じていました。

新しい会社法をどなたが起案されたのかは存じ上げませんが、起案された官僚のみなさんの想いは、「法整備はできました。さあ、日本の意欲あるみなさん、どんどん起業してください」ということではないかと思います。

会社法が施行されて、起業のハードルは格段に下がりました。考えてみれば、パナソニック、トヨタ自動車、ソニーなど、現在の大企業の多くは元はと言えばベンチャー企業です。旺盛なる起業家精神こそが、社会を発展させていくのだと思います。

ちなみに、会社法が施行されて、財務諸表のひとつであった「利益処分計算書」はなくなり、新たに「株主資本等変動計算書」の作成が義務付けられました。２００７年に出版した『決算書がスラスラわかる 財務３表一体理解法』では、利益処分計算書と株主資本等変動計算書の類似点と相違点を詳しく説明していましたが、会社法施行からかなりの年月が経ちましたので、利益処分計算書の説明は割愛しました。

附章　英文会計の基礎知識

ビジネスがグローバル化する現代においては、日本でも英文会計を理解しておかなければならない人が増えてきていると思います。この章では、そういった人のために、英文会計ではどのようなフォーマットの財務諸表が使われているのかということを簡単にご説明します。

(1) 英文会計も基本は同じ

英文会計の基本的な枠組みは日本の会計と同じです。日本でいう損益計算書(PL)、貸借対照表(BS)、キャッシュフロー計算書(CS)の財務3表が、英文会計ではIncome statement, Balance sheet, Cash flow statementという名前で存在します。

それは考えてみれば当たり前です。そもそも15世紀にベニスの商人によって発明された複式簿記会計の仕組みが全世界に広まったのです。なので、世界中どこに行っても複式簿記会計の基本的な考え方は同じなのです。

図表 附-1のように、海外においても日々の伝票(Slips)は、複式簿記(Double-entry

図表 附-1 **伝票が財務諸表になっていく流れ**

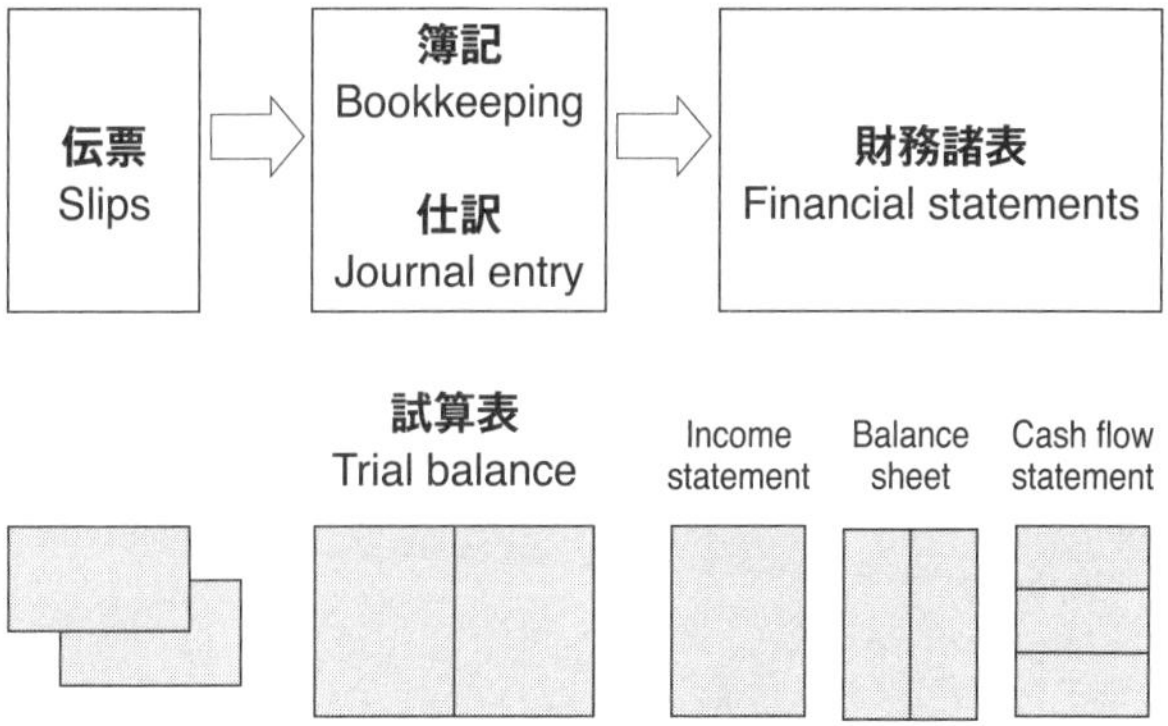

bookkeeping）のルールである仕訳（Journal entry）にしたがって記帳され試算表（Trial balance）になります。この試算表が、1事業年度（通常1年間）に一度、財務諸表（Financial statements）と言われる、損益計算書（Income statement）と貸借対照表（Balance sheet）になり、このIncome statementとBalance sheetを元に、間接法のキャッシュフロー計算書（Cash flow statement）が作られるという流れは、日本の会計と全く同じです。

　次のページの図表附-2をご覧ください。すべての会社に共通する3つの活動であるお金を集める(Financing)→投資する(Investing)→利益をあげる(Earning)が、Income statement,

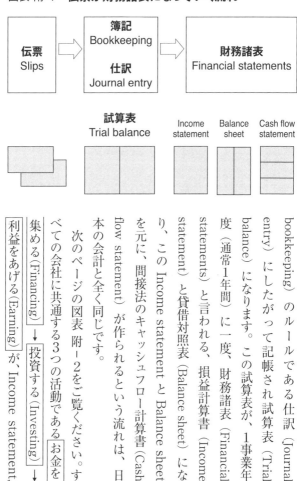

図表 附-2　**すべての会社に共通する3つの活動**

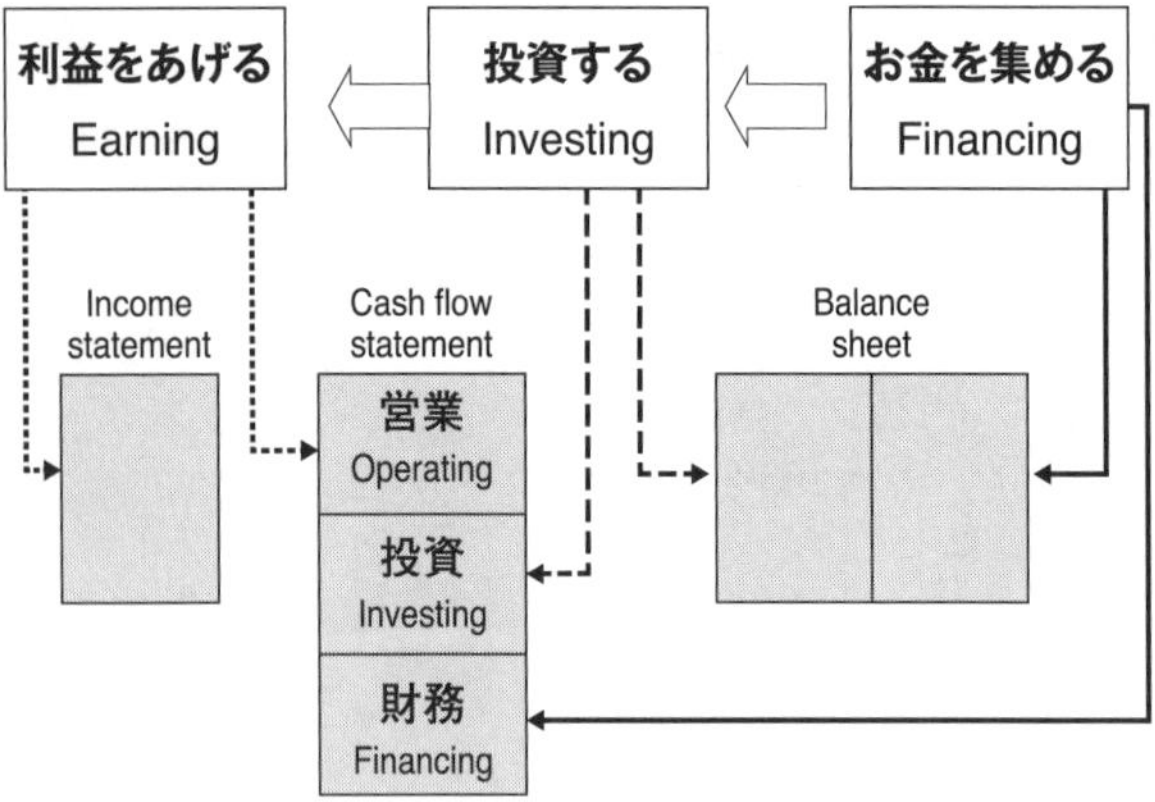

Balance sheet, Cash flow statement という3つの表であらわされているのも同じです。

さらには、Cash flow statement が、「営業活動によるキャッシュフロー(Cash flows from operating activities)」、「投資活動によるキャッシュフロー（Cash flows from investing activities)」、「財務活動によるキャッシュフロー(Cash flows from financing activities)」の3つの欄に分かれているのも同じなのです。

ここまで説明しただけで、英文会計も日本の会計と何ら変わらないことがご理解いただけたと思います。英文会計といったところで、何も恐れることはないのです。

では次に、米国会計基準をベースにした、損益計算書（Income statement）、貸借対照表（Balance sheet）、キャッシュフロー計算書（Cash flow statement）と、株主資本等変動計算書（Statement of stockholders' equity）の構造を具体的に説明していきます。

個別の表の説明に入る前にことわっておきますが、細かいことを言えば、米国会計基準と日本の会計基準の間にはたくさんの違いがあります。ただ、そのような細かいことは、私たち会計の専門家ではない人間は知らなくてもよいと思います。

日米の会計基準の違いで、私がみなさんに知っておいていただきたいと思うのは「のれん」の処理の違いです。第4章と第5章で説明したように、日本の会計基準では「のれん」は規則的に償却していくことになっていますが、米国会計基準では償却せずに減損処理することになっています。ただ、米国会計基準では2014年に改正が行われ、非公開会社については、「のれん」を償却することが選択可能となりました。

繰り返しますが、大きな枠組みで言えば、会計の全体像と基本的な仕組みは、米国と日本で何ら変わりはありません。私たち会計の専門家ではない人間は、まずそういうザックリとした認識を持つことが大切だと思います。

(2) 損益計算書(Income statement)の構造

ではまず損益計算書(Income statement)から説明していきましょう。米国の会計原則(Accounting principles)は日本のそれと違って、財務諸表の用語と様式がかなり細かく統一されているわけではありません。ですから、Income statement も、Statement of income, Statement of earnings, Statement of operations, Statement of profit and loss など、さまざまな呼び名があります。本書では基本的にIncome statementを使用します。

Income statementには多段階形式(Multiple-step format)と無段階形式(Single-step format)の2つの様式があり、どちらを採用しても構いません。

多段階形式の損益計算書の一例が図表 附-3です。多段階形式のIncome statementは、営業活動の部(Operating section)と営業外活動の部(Non-operating section)の

図表 附-3　**多段階形式のIncome statement**

売上高	Net sales
売上原価	Cost of sales
売上総利益	**Gross profit**
営業費用:	Operating expenses:
給料	Salaries
研究開発費	Research and development
減価償却費	Depreciation
営業費用合計	Total operating expenses
営業利益	**Operating income**
営業外収益/費用:	Other income/expenses:
受取利息	Interest income
支払利息	Interest expense
営業外収益の合計	Total other income
税引前当期純利益	**Income before income tax**
法人税等	Income tax expense
当期純利益	**Net income**

利益を分離して表示するものです。

米国の会計基準では、Income statement には4つの種類の利益(Profit) があると覚えておいてください。利益のことをProfitと言ったりIncomeと言ったりMarginと言ったりするので紛らわしいですが、Income statementには売上総利益(Gross profit)、営業利益(Operating income)、税引前当期純利益(Income before income tax)、当期純利益(Net income)の4つの種類の利益があります。

米国会計基準のIncome

statementと日本の会計基準の損益計算書の最大の違いは、米国会計基準のIncome statementには経常利益という概念がないことです。では、日本の会計基準の特別利益や特別損失はどこに入っているのでしょうか。米国会計基準では、日本の会計基準の特別利益や特別損失は、一般的には営業外損益の項目に含まれています。ただ、当期の損益に与える影響が極めて重大なものは、異常項目（Extraordinary items）として表示されています。

また、法人税等（Income tax expense）が、見込み法人税（Provision for income taxes）と書かれている会社があると思います。これはアメリカの法人税の申告期日が期末から3カ月目の15日になっているところが多く（州によって異なる）、年度末に税額が確定しないままに財務諸表を作成しなければならないために、「見込み法人税」となっているのです。

次に無段階形式（Single-step format）のIncome statementを簡単に説明しておきましょう。無段階形式のIncome statementの一例を図表 附－4に掲載しました。図表附－3の多段階形式のものを無段階形式になおしたものです。

図表 附-4　**無段階形式のIncome statement**

収益:	Revenues:
売上高	Net sales
受取利息	Interest income
収益の合計	Total revenues
費用:	Expenses:
売上原価	Cost of sales
給料	Salaries
研究開発費	Research and development
減価償却費	Depreciation
支払利息	Interest expense
法人税等	Income tax expense
費用の合計	Total expenses
当期純利益	Net income

無段階形式のIncome statementは、収益合計から費用合計を差し引き、1回だけの計算で当期純利益（Net income）を表示するものです。法人税等（Income tax expense）は費用合計から分離して、税引前当期純利益（Income before income tax）から差し引くこともあります。

4 「総（Gross）」と「純（Net）」

ここで「総（Gross）」と「純（Net）」という言葉について説明しておきましょう。利益には総利益と純利益がありましたが、実は売上高にも総売上高と純売上高があります。この「総」と「純」は、英語の Gross と Net を日本語に訳したものです。

「総（Gross）」とは、「差し引きする前の」という意味で、「純（Net）」とは、「差し引きした後の」という意味です。ゴルフでも Gross というのは、ハンディを差し引きする前のスコアのことを意味し、Net とはハンディを差し引いた後のスコアを意味します。商品の重量でも、梱包材などの重さを含めた商品の総重量が Gross で、梱包材などの重さを差し引いた商品自体の重さが Net です。

売上総利益とは、売上高から売上原価を引いただけの利益、つまり何も足し引きしない最初の利益だから総利益（Gross profit）です。それにいろんなものを足し引きした後の利益が純利益（Net income）です。

また、日本で一般的に売上高と言っているのは純売上高のことです。では、総売上高というのは何なのでしょうか。通常の営業現場では売上値引きや売上割戻しといった商習慣があります。この売上値引きや売上割戻しを差し引きする前の売上高が「総売上高（Gross sales）」です。この「総売上高（Gross sales）」から売上値引や売上割戻しを差し引いた後のものが「純売上高（Net sales）」です。日本でも米国でも、財務諸表に売上高と書いてあるのは純売上高（Net sales）のことです。

Assets:	Liabilities:
Current assets:	Current liabilities:
Cash	Accounts payable
Inventories	Short-term debt
Total current assets	Total current liabilities
	Non-current liabilities:
	Bonds payable
Non-current assets:	Long-term debt
Property, plant and equipment	Lease obligations
Intangible assets	Total non-current liabilities
Other non-current assets	**Stockholders' equity:**
Total non-current assets	Common stock
	Retained earnings
	Total stockholders' equity
Total assets	Total liabilities and equity

（3）貸借対照表（Balance sheet）の構造

Income statementと同じように、貸借対照表（Balance sheet）にも、Statement of financial position や Statement of financial condition など、多様な呼び方があります。また、Balance sheet にも、勘定形式（Account form）と報告形式（Report form）の2つの形式があり、どちらを使ってもよいことになっています。

勘定形式の一例が図表 附－5です。日本のBSとほとんど同じです。

次に報告形式（Report form）のBalance

図表 附-5 **勘定形式のBalance sheet**

資産の部	負債の部
流動資産	流動負債
現金	買掛金
在庫	短期借入金
流動資産合計	流動負債合計
	固定負債
	社債
固定資産	長期借入金
有形固定資産	リース債務
無形固定資産	固定負債合計
その他の資産	**純資産の部**
固定資産合計	資本金
	利益剰余金
	純資産合計
資産合計	負債及び純資産合計

sheet を説明しておきましょう。次のページの図表 附-6をご覧ください。報告形式の Balance sheet は勘定形式の Balance sheet とならび方が違うだけです。勘定形式で資産の右側にあった負債と純資産が、資産の下にならんでいるだけです。日本でも有価証券報告書に掲載されている貸借対照表は基本的に報告形式です。

米国会計基準の Balance sheet と日本の会計基準の貸借対照表はほとんど同じです。表記の大きな違いとしては、日本の貸借対照表は、昔「資本の部」と言われていたところが、会社法が施行されて「純資産の部」になっていることです。英語で表現

図表 附-6　**報告形式のBalance sheet**

資産の部:	Assets:
流動資産:	Current assets:
現金	Cash
在庫	Inventories
流動資産合計	Total current assets
固定資産:	Non-current assets:
有形固定資産	Property, plant and equipment
無形固定資産	Intangible assets
その他の資産	Other non-current assets
固定資産合計	Total non-current assets
資産合計	Total assets
負債の部:	Liabilities:
流動負債:	Current liabilities:
買掛金	Accounts payable
短期借入金	Short-term debt
流動負債合計	Total current liabilities
固定負債:	Non-current liabilities:
社債	Bonds payable
長期借入金	Long-term debt
リース債務	Lease obligations
固定負債合計	Total non-current liabilities
純資産の部:	Stockholders' equity:
資本金	Common stock
利益剰余金	Retained earnings
純資産合計	Total stockholders' equity
負債及び純資産合計	Total liabilities and equity

すればNet assetsといったところでしょうが、米国会計基準では昔の「資本の部」と同じようなニュアンスのStockholders' equityになっています。財務諸表によってはShareholders' equityと書いている場合もあります。

また、米国では流動性が重視されるようで、Balance sheetの中では流動資産（Current assets）と流動負債（Current liabilities）の合計額は表記されていますが、固定資産（Non-current assets）と固定負債（Non-current liabilities）の合計額が表記されていない場合が多いようです。

さらに言えば、固定資産や固定負債の「固定」は（Fixed）ではなく（Non-current）が使われています。日本語に訳せば「非流動」ということでしょうか。意味的には「固定」と同じです。

(4) キャッシュフロー計算書（Cash flow statement）の構造

キャッシュフロー計算書（Cash flow statement）は、一般的にはStatements of

cash flowsと表記される場合が多いですが、本書ではCash flow statementで説明します。

Cash flow statementは、収支計算書（Statements of receipts and disbursements）です。つまり、1年間の現金の出入りを表したものです。一般的な収支計算書は、「収入（Receipts）」「支出（Disbursements）」「残高（Balance）」の3つの欄に分かれていますが、キャッシュフロー計算書は「営業活動によるキャッシュフロー（Cash flows from operating activities）」、「投資活動によるキャッシュフロー（Cash flows from investing activities）」、「財務活動によるキャッシュフロー（Cash flows from financing activities）」の3つの欄に分かれています。なぜこのような分かれ方をしているかはすでに説明してきた通りです。

Cash flow statementには2つの作成方法があります。直接法（Direct method）と間接法（Indirect method）です。日本の会計基準と同じ考え方です。米国会計基準の直接法のCash flow statementと間接法のCash flow statementが、それぞれ230・231ページの図表 附-7と232・233ページの図表 附-8です。

米国会計基準の Cash flow statement と日本の会計基準のキャッシュフロー計算書で違いがあるのは、間接法の Cash flow statement です。米国は、最終利益である当期純利益（Net income）を起点にして実際の現金の動きを計算していますが、日本の会計基準では税引前当期純利益を起点にしています。

日本の間接法キャッシュフロー計算書では、営業活動によるキャッシュフローの「小計」の下に「利息の支払額」や「法人税等の支払額」が表記されていますが、米国の間接法のCash flow statement には欄外に、キャッシュフロー情報の追加開示(Supplemental cash flow disclosure：）として、利息の支払（Interest paid）と法人税等の支払（Income taxes paid）が記載されています。

このように説明すると、米国の間接法の Cash flow statement に関して、新たな疑問を抱かれた方がいらっしゃるのではないでしょうか。つまり、日本の会計基準で説明した、発生ベースの利息と支払ベースの利息はどこで調整しているのかとか、法人税等の支払額は「営業活動によるキャッシュフロー」の欄には表れないのだろうかといった疑問です。

Cash flows from operating activities:

Cash received from customers
Cash paid to suppliers
Cash paid for salaries
Cash paid for other operating activities
Interest received
Interest paid
Income taxes paid

Net cash provided by operating activities

Cash flows from investing activities:

Purchases of marketable securities
Proceeds from disposition of marketable securities
Payments for acquisition of property, plant and equipment
Proceeds from disposition of property, plant and equipment
Net cash used in investing activities

Cash flows from financing activities:

Proceeds from debt
Payments on debt
Proceeds from issuance of common stock
Common stock repurchases
Dividends paid
Net cash provided by financing activities

Increase/(decrease) in cash and cash equivalents
Cash and cash equivalents at beginning of year
Cash and cash equivalents at end of year

図表 附-7
直接法のCash flow statement

営業活動によるキャッシュフロー:
営業収入
商品の仕入支出
人件費支出
その他の営業支出
利息の受取
利息の支払
法人税等の支払

営業活動から生み出された現金

投資活動によるキャッシュフロー:
有価証券の取得
有価証券の売却
固定資産の取得
固定資産の売却
投資活動に使った現金

財務活動によるキャッシュフロー:
借入実行
借入返済
株式発行
自己株式の取得
配当金支払
財務活動から生み出された現金

現金及び現金同等物の増(減)
現金及び現金同等物の期首残高
現金及び現金同等物の期末残高

答えを言えば、計上ベースの利息と支払ベースの利息の差は、「その他の負債（Other liabilities）」の中で調整されています。また、その期の法人税等の支払額は、その期のIncome statement に計上された法人税等と Balance sheet の期首と期末の未払法人税等の差額（この差額が間接法の Cash flow statement の未払法人税等（Income taxes payable）に記載されている数字）によって計算されます。したがって、その期の法人税等の支払額は、Cash flow statement の「営業活動によるキャッシュフロー」の欄を

Cash flows from operating activities:
Net income
Adjustment to reconcile net income to net cash:
Depreciation and amortization
Changes in operating assets and liabilities:
Accounts receivable
Inventories
Accounts payable
Income taxes payable
Other liabilities
Net cash provided by operating activities

Cash flows from investing activities:
Purchases of marketable securities
Proceeds from disposition of marketable securities
Payments for acquisition of property, plant and equipment
Proceeds from disposition of property, plant and equipment
Net cash used in investing activities

Cash flows from financing activities:
Proceeds from debt
Payments on debt
Proceeds from issuance of common stock
Common stock repurchases
Dividends paid
Net cash provided by financing activities

Increase/(decrease) in cash and cash equivalents
Cash and cash equivalents at beginning of year
Cash and cash equivalents at end of year

Supplemental cash flow disclosure:
Interest paid
Income taxes paid

図表 附-8
間接法のCash flow statement

営業活動によるキャッシュフロー:
　当期純利益
　当期純利益から現金への調整:
　　減価償却費及び減耗償却費
　営業関連資産と営業関連負債の変化による調整:
　　売上債権
　　棚卸資産
　　仕入債務
　　未払法人税等
　　その他の負債
　　営業活動から生み出された現金

投資活動によるキャッシュフロー:
　有価証券の取得
　有価証券の売却
　固定資産の取得
　固定資産の売却
　　投資活動に使った現金

財務活動によるキャッシュフロー:
　借入実行
　借入返済
　株式発行
　自己株式の取得
　配当金支払
　　財務活動から生み出された現金

現金及び現金同等物の増(減)
現金及び現金同等物の期首残高
現金及び現金同等物の期末残高

キャッシュフロー情報の追加開示
　利息の支払
　法人税等の支払

見ただけではわからないのです。なので、欄外に法人税等の支払額が記載されているわけです。

こう考えると、税引前当期純利益をベースに計算する、日本の間接法CSはわかりやすいですよね。

(5) 株主資本等変動計算書(Statement of stockholders' equity)の構造

最後は、株主資本等変動計算書(Statement of stockholders' equity)です。米国会計基準のStatement of stockholders' equity も、基本的には日本の株主資本等変動計算書と同じです。

図表 附－9が米国で使われている Statement of stockholders' equity の一例です。項目がかなり簡略化されてはいますが、基本的な構造は日本のものと同じです。

表の上側に Balance sheet の Stockholders' equity の項目がならんでいます。図表附－9の例では、資本金(Common stock)と利益剰余金(Retained earnings)の2項

図表 附-9

株主資本等変動計算書（Statement of stockholders' equity）

（単位:千ドル）

	資本金	利益剰余金	資本合計
20X1年12月末残高	2	0	2
当期純利益		20	20
剰余金の配当			0
新株の発行	8		8
20X2年12月末残高	10	20	30
当期純利益		10	10
剰余金の配当		(4)	(4)
新株の発行			0
20X3年12月末残高	10	26	36

（Dollars in thousands）

	Common stock	Retained earnings	Total Stockholders' equity
Balance as of December 31, 20X1	2	0	2
Net income		20	20
Dividends declared			0
Common stock issued	8		8
Balance as of December 31, 20X2	10	20	30
Net income		10	10
Dividends declared		(4)	(4)
Common stock issued			0
Balance as of December 31, 20X3	10	26	36

目と、その合計の資本合計（Total Stockholders' equity）です。

表の左側にならんでいるのは、各年度の前期末残高と当期末残高、それに変動項目としての当期純利益（Net income）、剰余金の配当（Dividends declared）、新株の発行（Common stock issued）です。図表 附－9では、それが2期分一緒に表記されています。

ちなみに、米国の財務諸表では一般的に「マイナス4」は「(4)」というように()付きで表記されます。

以上で英文会計の説明は終了です。英文会計といっても、何も恐れることはないことがご理解いただけたと思います。海外の会社の財務諸表にもどんどんアプローチしてみてください。

おわりに

本書を読み終えた読者のみなさんは、本当に会計に関してもう何も臆することはないと思います。この段階で何かわからないことがあれば会計の専門家の人に質問してみてください。会計の専門家の人もみなさんの会計に関する知識レベルの高さに驚くことでしょう。

本書を読み終えたレベルの方に、さらに会計の知識を深めるために私が書いた本の中で紹介できるものは次の3冊です。

①『財務3表一体理解法「管理会計」編』（朝日新書）
②『できる人になるための「財務3表」』（中央経済社）

③『財務マネジメントの基本と原則』（東洋経済新報社）

『財務3表一体理解法「管理会計」編』はタイトルが示すとおり管理会計の本です。管理会計は、英語では〝Management Accounting〟であり、事業をマネジメントするための会計です。なので、事業の全体像である お金を集める→投資する→利益をあげる という3つの活動を意識しながら、つまり財務3表を意識しながら勉強すれば、管理会計の全体像とその基本的な考え方が整理された形で理解できます。

『できる人になるための「財務3表」』は、金融商品、減損会計、研究開発費、リース会計、自己株式、税効果会計、ストック・オプション、退職給付会計について本書よりさらに詳しく専門的に説明しています。また、予算編成、予算実績差異分析、予算シミュレーション、投資意思決定、経営改善についても詳しく解説しています。

『財務マネジメントの基本と原則』は私が書いた本ではありません。イギリスの公認会計士であるデイビッド・メッキン氏が書かれた本で、私はその翻訳をしただけです。この本にはビジネスを財務的にマネジメントするとはどういうことかがわかりやすく書かれています。財務原則にもとづいた意思決定を行い、会社の財務的な業績を向上させるための本です。

『新版 財務3表一体理解法』の「おわりに」にも書いたことですが、最後にこの紙面をお借りして感謝の気持ちをお伝えしておきたい人がいます。

ひとり目は、この15年間にわたって私の本の内容をチェックしてきてくれた友人です。事情があって名前は明らかにできないのですが、公認会計士の彼がいつも私の本を入念にチェックしてくれているおかげで、会計の専門家ではない私が、自信を持って会計の本を世に出すことができています。

次は、朝日新聞出版「朝日新書」編集長の宇都宮健太朗氏と編集委員の首藤由之氏です。お二人は今回の改訂にあたって「会計の初心者にわかりやすいという視点で、既存の書籍をチェックし直そう」と言ってくださり、そこからたくさんの貴重なアドバイスをいただきました。ちなみに、首藤さんは2007年に『決算書がスラスラわかる 財務3表一体理解法』を出版したときの朝日新書の編集担当者でした。「財務3表一体理解法」という書名の名付け親でもあり、その後「朝日新書」編集長、書籍編集部長を歴任されました。

最後は、本書の出版に関してご尽力いただいたすべてのみなさんです。本を出版する際に私はいつも思うのですが、一冊の本ができあがるまでには、図版作成・デザイン・校正・ＤＴＰ・印刷など、プロの方々の大変なご尽力があります。さらに、本書が読者のみなさんの手元に届くまでには、営業・取次・書店のみなさんの大変なご尽力があります。そのような、表にお名前の出てこないみなさんのご尽力によって、本書がいま読者のみなさんの手元に存在しているのだと思っています。

この場をお借りして、本書の出版にご尽力いただいたみなさんに、心より感謝申し上げます。

本書が会計の理解に苦しむ方の役に立つと同時に、会計の知識をさらに深めていくきっかけになれば嬉しく思います。

國貞克則

國貞克則 くにさだ・かつのり
1961年岡山県生まれ。東北大学機械工学科卒業後、神戸製鋼所入社。海外プラント建設事業部、人事部、鉄鋼海外事業企画部、建設機械事業部などで業務に従事。1996年米国クレアモント大学ピーター・ドラッカー経営大学院でMBA取得。2001年ボナ・ヴィータ コーポレーションを設立。日経ビジネススクールなどで公開セミナーやｅラーニングの講座を担当している。著書に『新版 財務３表一体理解法』『新版 財務３表図解分析法』（ともに朝日新書）、『渋沢栄一とドラッカー 未来創造の方法論』（KADOKAWA）、訳書に『財務マネジメントの基本と原則』（東洋経済新報社）などがある。

朝日新書
804

新版《しんぱん》 財務《ざいむ》3表《さんぴょう》一体《いったい》理《り》解法《かいほう》 発展編《はってんへん》

2021年２月28日第１刷発行
2024年８月30日第５刷発行

著　者　國貞克則

発行者　宇都宮健太朗
カバーデザイン　アンスガー・フォルマー　田嶋佳子
印刷所　TOPPANクロレ株式会社
発行所　朝日新聞出版
〒104-8011　東京都中央区築地5-3-2
電話　03-5541-8832（編集）
　　　03-5540-7793（販売）

Published in Japan by Asahi Shimbun Publications Inc.
ISBN 978-4-02-295113-7
定価はカバーに表示してあります。

60歳から めきめき元気になる人
「退職不安」を吹き飛ばす秘訣

榎本博明

退職すれば自分の「役割」や「居場所」がなくなると迷い悩むのは間違い！　やっと自由の身になり、これから輝くのだ。残り時間が気になり始める50代、離職して途方に暮れている60代、70代。そんな方々のために、心理学博士がイキイキ人生へのヒントを示す。

アベノミクスは何を殺したか
日本の知性13人との闘論

原　真人

「日本経済が良くなるなんて思っていなかった、でもやるしかなかった」（日銀元理事）。史上最悪の社会実験「アベノミクス」はなぜ止められなかったか。どれだけの禍根が今後襲うか。水野和夫、佐伯啓思、藻谷浩介、翁邦雄、白川方明ら経済の泰斗と徹底検証する。

教育は遺伝に勝てるか？

安藤寿康

遺伝が学力に強く影響することは、もはや周知の事実だが、誤解も多い。本書は遺伝学の最新知見を平易に紹介し、理想論でも奇麗事でもない「その人にとっての成功」（＝自分で稼げる能力を見つけ伸ばす）はいかにして可能かを詳説。教育の可能性を探る。

シン・男がつらいよ
右肩下がりの時代の男性受難

奥田祥子

「ガッツ」重視の就活に始まり、妻子の経済的支柱たることを課せられ、育休をとれば、肩書を失えば、同僚らから蔑視される被抑圧性。「男らしさ」のジェンダー規範を具現化できず苦しむ男性が増えている。誰もが生きやすい社会を、詳細ルポを通して考える。

高校野球　名将の流儀
世界一の日本野球はこうして作られた

朝日新聞スポーツ部

WBC優勝で世界一を証明した日本野球。その「心・技・体」の基礎を築いた高校野球の名監督たちの哲学に迫る。村上宗隆、山田哲人など、WBC優勝メンバーへの教えも紹介。松井秀喜や投手時代のイチローなど、球界のレジェンドたちの貴重な高校時代も。

「深みのある人」がやっていること

齋藤　孝

老境に差し掛かるころには、人の「深み」の差は歴然と表れる。そして深みのある人は周囲から尊敬を集める。だが、そもそも深みとは何なのか。「あの人は深い」と言われる人が持つ考え方や習慣とは。深みの本質と出し方を、人気教授が解説。

天下人の攻城戦
15の城攻めに見る信長・秀吉・家康の智略

渡邊大門／編著

信長の本願寺攻め、秀吉の備中高松城水攻め、真田丸の攻防をはじめ、戦国期を代表する15の攻城戦を徹底解剖！「城攻め」から見えてくる3人の天下人の戦術・戦略とは？　最新の知見をもとに、第一線の研究者たちが合戦へと至る背景、戦後処理などを詳説する。

新しい戦前
この国の〝いま〟を読み解く

内田　樹
白井　聡

「新しい戦前」ともいわれる時代を〝知の巨人〟と〝気鋭の政治学者〟は、どのように捉えているのか。日本政治と暴力・テロ、防衛政策転換の落とし穴、米中対立やウクライナ戦争をめぐる日本社会の反応など、歴史の転換期とされるこの国の〝いま〟を考える。

朝日新書

動乱の日本戦国史
桶狭間の戦いから関ヶ原の戦いまで

呉座勇一

教科書や小説に描かれる戦国時代の合戦は疑ってかかるべし。信長の鉄砲三段撃ち（長篠の戦い）、家康の問鉄砲（関ヶ原の戦い）などは後世の捏造だ！ 戦国時代を象徴する六つの戦いについて、最新の研究結果を紹介し、その実態に迫る！

プア・ジャパン
気がつけば「貧困大国」

野口悠紀雄

かつて「ジャパン・アズ・ナンバーワン」とまで称されたわが国は大きく凋落し、購買力は1960年代のレベルまで下落した。経済大国から貧困大国に変貌しつつある日本経済の現状と復活策を、60年間世界をみつめた経済学の泰斗が明らかにする。

鵺《ぬえ》の政権
ドキュメント岸田官邸620日

朝日新聞政治部

朝日新聞大反響連載、待望の書籍化！ 岸田政権の最大の危うさは「状況追従主義」にある。ビジョンと熟慮に欠け求心力がない。稚拙な政策のツケはやがて国民に及ぶ。つかみどころのない〝鵺〟のような虚像の正体に迫る渾身のルポ。

よもだ俳人子規の艶

夏井いつき
奥田瑛二

34年の短い生涯で約2万5千もの俳句を残した正岡子規。中には遊里や遊女を詠んだ句も意外に多く、ユーモアや反骨精神、ダンディズムなどが味わえる。そんな子規俳句を縦横無尽に読み込む、松山・東京・道後にわたる全三夜の子規トーク！

人類滅亡2つのシナリオ
AIと遺伝子操作が悪用された未来

小川和也

急速に進化する、AIとゲノム編集技術。画期的な技術ゆえ、制度設計の不備に〝悪意〟が付け込めば、人類の未来は大きく暗転する。「デザイナーベビーの量産」、「〝超知能〟による支配」……。想定しうる最悪な未来と回避策を示す。

発達「障害」でなくなる日

朝日新聞取材班

こだわりが強い、コミュニケーションが苦手といった発達障害の特性は本当に「障害」なのか。学校や会社、人間関係などに困難を感じる人々の事例を通し、当事者の生きづらさが消える新しい捉え方、接し方を探る。「朝日新聞」大反響連載を書籍化。

藤原氏の1300年
超名門一族で読み解く日本史

京谷一樹

摂関政治によって栄華を極めた藤原氏は、一族の「ブランド」を最大限に生かし続け、武士の世も、激動の近現代も生き抜いた。大化の改新の中臣鎌足から昭和の内閣総理大臣・近衛文麿までの90人を取り上げ、名門一族の華麗なる物語をひもとく。

台湾有事　日本の選択

田岡俊次

台湾有事――本当の危機が迫っている。米中対立のリアル、思考停止する日本政府の実態、日本がこうむる人的・経済的損害の実相。選択を間違えたら日本は壊滅する。安保政策が歴史的大転換を遂げた今、老練の軍事ジャーナリストによる渾身の警告！

どろどろの聖人伝

清涼院流水

サンタクロースってどんな人だったの？　12使徒の生涯とは？　キリスト教の聖人は、意外にも2000人以上存在します。そのなかから、有名な聖人を取り上げ、その物語をご紹介。聖人伝を通して、日本とは異なる文化を楽しんでいただけることでしょう。

一億三千万人のための『歎異抄』

高橋源一郎

戦乱と飢饉の中世、弟子の唯円が聞き取った親鸞の『歎異抄』。救い、悪、他力の教えに、西田幾多郎、司馬遼太郎、梅原猛、吉本隆明は魅了され、著者も10年近く読みこんだ。『歎異抄』は親鸞の『君たちはどう生きるか』なのだ。今の言葉で伝えるみごとな翻訳。

朝日新書

ブッダに学ぶ　老いと死

山折哲雄

俗人の私たちがブッダのように悟れるはずはない。しかし、紀元前500年ごろに80歳の高齢まで生きたブッダの人生、特に悟りを開く以前の「俗人ブッダの生き方」と「最晩年の姿」に長い老後を身軽に生きるヒントがある。坐る、歩く、そして断食往生まで、実践的な知恵を探る。

ハーバードが教える　最高の長寿食

満尾　正

ハーバードで栄養学を学び、アンチエイジング・クリニックを開院する医師が教える、健康長寿を実現する食事術。正解は、1970年代の和食。和食は、青魚や緑の濃い野菜、みそや納豆などの発酵食品をバランスよく摂れる。毎日の食事から、健康診断の数値別の食養生まで伝授。

藤原道長と紫式部　「貴族道」と「女房」の平安王朝

関　幸彦

光源氏のモデルは道長なのか？　紫式部の想い人は本当に道長なのか？　摂関政治の最高権力者・道長と王朝文学の第一人者・紫式部を中心に日本史上最長400年の平安時代の真実に迫る！　NHK大河ドラマ「光る君へ」を読み解くための必読書。

沢田研二

中川右介

芸能界にデビューするや、沢田研二はたちまちスターに。だが、「時代の寵児」であり続けるためには、過酷な競争に生き残らなければならない。熾烈なヒットチャート争いと賞レースを、いかに制したか。ジュリーの闘いの全軌跡。圧巻の情報量で、歌謡曲黄金時代を描き切る。

朝日新書

老後をやめる
自律神経を整えて生涯現役

小林弘幸

定年を迎えると付き合う人も変わり、仕事という日常もなくなる。環境の大きな変化は自律神経が大きく乱れ「老い」を加速させる可能性があります。いつまでも現役でいるためには老後なんて区切りは不要。人生を楽しむのに年齢の壁なんてない！　名医が説く超高齢社会に効く心と体の整え方。

限界分譲地
繰り返される野放図な商法と開発秘話

吉川祐介

全国で急増する放棄分譲地「限界ニュータウン」売買の驚愕の手口を明らかにする。高度成長期からバブル期にかけて「超郊外住宅」が乱造された経緯に迫り、原野商法やリゾートマンションの諸問題も取り上げ、時流に翻弄される不動産ビジネスへの警鐘を鳴らす。

老いの失敗学
80歳からの人生をそれなりに楽しむ

畑村洋太郎

「老い」と「失敗」には共通点がある。長らく「失敗」を研究してきた「失敗学」の専門家が、80歳を超えて直面した現実を見つめながら実践する、「老い」に振り回されない生き方とは。老いへの対処に生かすことができる失敗学の知見を紹介。